文旅融合下公共图书馆转型研究

翟 雯 著

吉林摄影出版社
·长春·

图书在版编目（CIP）数据

文旅融合下公共图书馆转型研究 / 翟雯著. -- 长春:
吉林摄影出版社，2023.12

ISBN 978-7-5498-6049-4

Ⅰ. ①文… Ⅱ. ①翟… Ⅲ. ①公共图书馆一图书馆服
务一研究 Ⅳ. ①G258.2

中国国家版本馆CIP数据核字(2023)第246430号

文旅融合下公共图书馆转型研究

WENLÜRONGHE XIA GONGGONG TUSHUGUAN ZHUANXING YANJIU

著　　者　翟　雯
出 版 人　车　强
责任编辑　李　彬　樊　华
封面设计　文　亮
开　　本　787 毫米 ×1092 毫米　1/16
字　　数　220千字
印　　张　10
版　　次　2023年12月第1版
印　　次　2023年12月第1次印刷

出　　版　吉林摄影出版社
发　　行　吉林摄影出版社
地　　址　长春市净月高新技术开发区福祉大路 5788 号
　　　　　邮编：130118
网　　址　www.jlsycbs.net
电　　话　总编办：0431-81629821
　　　　　发行科：0431-81629829
印　　刷　河北创联印刷有限公司

书　　号　ISBN 978-7-5498-6049-4　　　　定　价：76.00元

前　言

40 多年来，改革开放引发了综合的、全方位的、总体性的、深刻的社会转型，涉及经济、政治、技术、文化、生态等诸多方面。文化转型是一个社会成功转型的标志，有什么样的社会形态，就有什么样的文化形态与之相适应，同样某种形态的文化只能存在于相应的某种形态的社会。但是，文化转型与社会转型不一定是完全同步的，或者文化转型先行、社会转型滞后，或者社会转型先行而文化转型滞后，或者二者大体保持同步，上述三种情况都是存在的。文化转型一方面受经济层面、政治层面、技术层面和生态层面转型的制约和影响，另一方面又影响和制约着上述各个方面的转型。相较于社会转型，文化转型更为复杂和持久。在社会转型期，我们应该采取更加积极主动的措施，推动文化转型，建设与新的社会形态相适应的文化形态，发挥文化的能动作用，进而推动社会转型的彻底完成。

公共图书馆转型问题就是在上述背景下出现的课题。公共图书馆作为保存文化、传承文明的知识服务机构，是社会公共文化服务体系的重要组成部分。社会转型期文化所应承担的历史责任，也是公共图书馆所应承担的历史责任。

图书馆是一个生长着的有机体，在不同的发展阶段，图书馆的知识传播手段具有非恒定性和无限性等特征。社会性是图书馆的一般属性，社会形态决定着图书馆的形态。图书馆也应该能够顺应特定的时代发展趋势。在文旅融合背景下，积极开发、推广自身的旅游功能，实现与旅游的融合，已成为公共图书馆的职业使命。

本书主要研究文旅融合背景下公共图书馆转型方面的问题，涉及丰富的图书馆转型知识。主要内容包括公共图书馆事业的发展综述、公共图书馆转型现状与发展、公共图书馆社区服务的完善、公共图书馆在文旅融合中的理论探索、文旅融合背景下的公共图书馆的智慧服务、文旅融合环境下公共图书馆“以人为本”理念、我国公共图书馆文旅融合发展创新研究等方面内容。本书在内容选取上既兼顾到了知识的系统性，又考虑到了可接受性，旨在向读者介绍图书馆转型的基本概念、原理和应用，涉及面广、实用性强，能使读者理论结合实践，在获得知识的同时掌握技能。

由于作者水平有限，本书难免存在不妥之处，敬请广大学界同人与读者朋友批评指正。

目　录

第一章　公共图书馆事业的发展综述

第一节　公共图书馆的发展历程

一、图书馆的产生

图书馆的产生有两个非常重要的历史文化背景，一个是文字的发明，一个是文献的出现。作为记录和传达语言的书写符号，文字有三个可考的历史节点——公元前 4000 年的古埃及人发明了象形文字；公元前 3200 年左右的苏美尔人发明了楔形文字；公元前 16 世纪至公元前 11 世纪，我国的商朝人发明了甲骨文。

有了文字，就得有记录文字的工具和载体。随着文字数量的不断增加，为了用文字准确地记录事物、完整地表达思想感情，文献便产生了。文献是指记录知识和信息的一切载体。例如埃及的纸草卷，我国古代的甲骨文献、金石文献、泥陶文献、简帛文献等，都是不同载体的文献；再如现在的纸质文献、光盘、缩微胶卷等也是不同载体的文献。因为文献记录、展示、保存了文字，所以文献是人类文明传承延续的集中体现。随着文献数量的不断增加，将文献有序保存的需求逐渐出现，人们需要有一个地方保存文献，并且要有专人来管理文献，这样图书馆就应运而生了。

根据考古学家的推测，世界上最早的图书馆在 4000 多年前诞生于两河流域。那个时期的图书馆和档案馆没有明确的区分，一般同时兼有二者的职能。真正意义上的图书馆的产生是公元前 7 世纪亚述帝国首都尼尼微的皇宫图书馆，该馆藏有大约 25000 块泥板文书，并建有目录；后来古埃及开始有了王室图书馆和寺院图书馆；古希腊也建有为贵族保存文献的图书馆和著名学者的私人图书馆。公元前 288 年，埃及亚历山大图书馆建成，该馆典藏丰富，学者云集，被誉为世界古代图书馆的代表。

在中国，公元前 13 世纪的殷商时代，甲骨文出现后，王室就有了保存典籍的地方，实际上这就是图书馆的萌芽。图书馆真正有文献可考的历史始于东周春秋时代，那时王室中有了专门的典藏处——藏室，并设立了专门的职官来管理文献。据《史记》记载，我国著名的哲学家、思想家老子在周代担任“守藏室之史”（文献典藏处的最高领导）。因此，后人将老子誉为中国最早的图书馆馆长。

二、图书馆的发展

（一）古代、近代图书馆

从世界范围看，图书馆产生后，在欧洲中世纪图书馆附设在宫廷和教堂里；11—13 世纪随着西方大学的兴起，大学图书馆逐渐发展起来；14—16 世纪文艺复兴时期，欧洲各国掀起建立图书馆的高潮。特别是 15 世纪时，我国造纸术和印刷术传到欧洲，促进了西方国家图书馆的发展和藏书量的增加。

到了近代，17 世纪中叶英国资产阶级革命爆发，资本主义开始在西方萌芽，极大地推动了图书馆的发展。新兴的资产阶级提倡学校教育，开始兴办向社会开放的图书馆，以提高劳动者的科学文化知识水平。在这种情况下，欧洲的图书馆纷纷从皇室、教堂逃离出来，办成向社会开放的图书馆。

在中国，图书馆在周代产生后，秦朝设立了专门的藏书机构，并设“柱下史”负责管理；汉代时我国国家图书馆已初具规模；从三国时期到隋唐五代，随着政治经济和文化的发展以及印刷术的发明，我国古代图书馆进入发展时期，国家藏书进一步发展，私人藏书也开始发展；从宋代到清代，我国古代图书馆进入繁荣时期，宋代雕版印刷术的盛行和活字印刷术发明，使社会上的书籍和著作得以广泛流传，促进了图书馆业的发展。宋代的书院藏书蓬勃兴起，出现了江西的白鹿洞书院、湖南的岳麓书院、河南的应天书院和嵩阳书院四大著名书院。

元代以后，皇家图书馆发展迅速；明代时，文渊阁因收藏《永乐大典》成为皇家图书馆的藏书中心；清代时，著名皇家图书馆有以收藏《四库全书》著称的南北七阁，北方宫廷四阁包括文渊阁、文源阁、文津阁、文溯阁，江南三阁为文汇阁、文宗阁、文澜阁。明清时期私人图书馆也有很大发展，比较著名的有天一阁、汲古阁、澹生堂、绛云楼、海源阁、铁琴铜剑楼、皕宋楼等。

1840 年鸦片战争以后，受西方资本主义文化的冲击，封建社会的藏书楼越来越不适应社会发展的需要而逐渐解体，出现了向社会开放的图书馆。随着西方传教士进入中国，带有西方色彩的图书馆与中国古代藏书楼文化开始融合，上海作为东西文化的交汇点和最早开埠的沿海城市，成为近代图书馆的发源地，较典型的例子是创建于 1847 年的上海徐家汇天主堂藏书楼，创办于 1875 年的格致书院藏书楼。1894 年上海圣约翰大学图书馆（后命名为罗氏藏书室或罗氏图书馆）建立，成为中国近代较早的大学图书馆。此外，武汉在中国近代图书馆史上也占有重要地位，1903 年美国人韦棣华在原武昌县（现江夏区）昙华林文华学校筹办图书馆阅览室，1910 年文华学校图书馆建成，命名为文华公书林，并为学校师生和校外读者服务。进入 20 世纪，中国图书馆在中西文化交融下得到长足发展。1898 年京师大学堂（北京大学前身）藏书楼的建立成为近代大学图书馆事业发展的重要事件。1909 年，京师图书馆宣告正式成立，于 1912 年正式对外开放，成为中国北洋政府时期的国家图书馆（现名中国国家图书馆），也成为近代图书馆发展史上具有代表性的大事。

（二）现代图书馆

第二次世界大战以后，电子计算机等技术逐步在图书馆中应用，图书馆的馆藏结构、服务方式、服务手段发生了巨大变化。特别是进入21世纪后，电子图书馆、数字图书馆发展迅速，使图书馆的形态和职能发生了革命性的变化，图书馆的工作效率和服务效率大大提高，服务不断深入。图书馆的文献载体不断丰富，不仅收藏印刷型的图书文献，也大量收藏非印刷型文献信息（缩微制品、录像带、磁盘、光盘、数据库等），大大改变和丰富了馆藏；图书馆之间的联系更加密切，向网络化、国际化方向发展；图书馆的职能不断扩展，除了保存文化典籍、普及科学文化知识、进行社会教育外，还增加了信息开发传递和智力资源开发、文化休闲等职能。

三、改革开放后我国公共图书馆的发展

改革开放后，我国公共图书馆获得了长足的发展，我国公共图书馆的数量逐年增加，已经基本达到了全行政区域覆盖。随着我国经济实力的增强和科学技术的发展，以及在构建和谐社会、构建学习型社会、实现全民阅读等多方面的政策下，公共图书馆的发展更加受到社会各界重视。通过实施文化信息资源共享工程等重大文化项目和国家的支持，全国公共图书馆设施条件不断改善，公共文化产品日益丰富，服务能力有所提高，社会效益显著增强。

但是公共图书馆事业发展依然存在不平衡的现象。公共图书馆事业发展的不平衡，主要表现为公共图书馆事业发展的东西部差别、城乡差别，以及总分馆差别。

自20世纪90年代中期以后，图书馆开始逐步向数字化发展，我国图书馆进入了管理和服务技术快速发展的时期。以计算机技术为主体的

信息技术的发展对图书馆的影响是深刻的，紧随其后的数字化潮流对图书馆更是带来了革命性的改变。信息的数字化从各个方面，尤其是资源和技术层面改变着图书馆的发展方向，信息化、数字化和自动化从信息资源、用户需求、实现需求的方法和方式等方面给公共图书馆的发展注入了生机和活力。图书馆生存环境中发展模式的市场化和信息技术的快速更新换代，也给图书馆发展带来了多方面的挑战。

在信息时代下，随着社会经济的不断发展，人们的生活水平也在不断提高。现如今，公共图书馆对社会的影响越来越大。应用新兴科技、不断更新理念、实行现代化管理和服务已经成为所有公共图书馆共同的发展方向。

第二节　公共图书馆的性质与职能

一、公共图书馆的内涵

（一）公共图书馆的定义

图书馆是一个触觉灵敏的有机体，社会的每一次重大变革或技术进步都能引起其随之变动，而且每一次变动都具有颠覆式的特征。我国公共图书馆从传统图书馆到数字图书馆、复合图书馆、智能图书馆，再到以“人本主义”为构建理念的智慧图书馆，这一过程反映了图书馆的发展理念从重视技术到重视“人”的转变，体现了公共图书馆的“智慧属性”。2018年1月1日，《中华人民共和国公共图书馆法》施行。该法对公共图书馆做了如下定义：“本法所称的公共图书馆，是指向社会公众免费开放，收集、整理、保存文献信息并提供查询、借阅及相关服务，开展社会教育的公共文化设施。”作为一种公共文化设施，公共图书馆最大的特点在于“公共”。这首先体现在其所属主体是公共部门，而非私人机构；其次，公共图书馆组织活动的目的是以公众的需求为前提，以满足公众的文化需求为使命；再次，同其他社会企业机构不同，公共图书馆评估标准并非以利润为核心，而是评估其服务质量、社会公益活动参与度等；最后，公共图书馆是一项公益事业，以公众的全员参与为建设目标。公共图书馆是一项利国利民的伟大工程，《中华人民共和国公共图书馆法》的颁布，不仅统一了学界的认识，而且对促进我国社会主义文化事业繁荣、保障公民基本文化权益具有十分重要的意义。

（二）公共图书馆的使命

公共图书馆的使命体现在对社会所承担的职能上。长期以来，我们对此形成了一些基本认识，普遍认为图书馆具有促进社会信息交流、开展社会教育、保存文化遗产、提供文化娱乐、保持社会稳定的职能。在信息社会，图书馆不仅具有以上社会职能，还应发挥更大的作用。作为一种公益事业，公共图书馆应该坚持自己的公益性质，保障广大社会公众的基本信息需求，争取缩小信息鸿沟。促进社会信息交流是图书馆的基本职能之一，在信息社会，公共图书馆更应采取各种方法，提高信息的利用程度，加快社会的信息化进程。

（三）公共图书馆在信息社会中的定位

图书馆的社会价值同自身的工作或自身向社会提供的服务以及社会对图书馆的需求程度成正比，公共图书馆要想在信息社会中获得发展，实现自己的社会价值，得到社会的承认，就必须向社会提供高质量的信息服务。与传统的观念不同，公共图书馆必须对政治、经济提供直接支持，走出象牙塔，真正参与社会经济、政治建设。需要强调的是，直接支持不等于以营利为目的，而是要基于自己的使命，保障广大社会公众的基本信息需求、加快社会信息化进程，以此来向社会提供信息服务。首先，公共图书馆要为最广大的人民群众服务，以方便、快捷、公益的形式保证他们的信息获取；其次，公共图书馆开展经济调研，经济信息要为经济建设、信息咨询、商业数据库的开发以及人员培训服务；再次，公共图书馆要为科研服务，跟踪调查科研项目的进展情况，据此提供相应的科研信息服务，如撰写综述、提供情报检索；最后，公共图书馆要为政府服务，保障政府决策的信息需求，吸引政府的目光，使之增加对图书馆的投资。公共图书馆作为一项公益性事业，与其他社会信息服务机构之间不是完全竞争的关系，它应向其他信息服务机构提供基本的信息保障；同时，公共图书馆的用户与社会信息服务机构的用户是互补的关系，它们满足的是不同的信息需求。公共图书馆着重于面向大众进行基础服务项目的开展，而社会信息服务机构则侧重于满足特殊的信息需求。

二、公共图书馆的性质

公共图书馆建设是一项崇高和伟大的事业，其基本目标是让所有的公民享受到高质量的服务，使得所有的民众享受公平的待遇。正是因为图书馆运作机制在服务方面有所创新，所以也需要相应的制度作为根本保证。

2018 年，国家专门出台相关法律来规定公共图书馆建设的有关细则，其中详细指出“公共图书馆应该有专门的场地来支持相关事业建设，一切和商业有关的活动都不能在图书馆专用场地开展”，从中能够看出公共图书馆建设其实是受到相关法律保护的，这是对公益事业发展与建设的一种支持。我们建设公共图书馆，其实是为了让群众的生活更加多彩，这是对于人们精神世界的丰富，也是对于人的一种尊重。如果我们在其中进行各种各样的商业活动，那么正常的公益活动就会受到影响，这与公益图书馆建设的精神诉求背道而驰，与人民群众的精神诉求相互背离。

公共图书馆的建设遵循一定的宗旨，其中最核心的就是关注公共利益。对于我国而言，发展公共图书馆事业的最根本原因就是让人民生活更加丰富，让他们获得精神的洗礼，这也是繁荣文化形式的一种重要途径，我们能够从中看到公共利益的缩影。商业活动和这种公益事业有着最根本的区别，它缺乏对于社会的崇高责任感。公共图书馆应该看到这种最本质的区别，主动防御商业活动对自己可能造成的负面影响，在保护群众利益的基础上从事相关的工作。公共图书馆必须发挥自身的能力，尽可能挖掘出可以利用的一切公共资源，然后把它传承下去，确保所有的读者都能从中获得精神的愉悦，享受阅读的快乐。广大群众要将公共利益放在第一位，在此规范下进行公共图书馆建设，实现最大的社会价值。

（一）公益性

1. 公益性的概念

公共图书馆的性质是多重的，它最基本的特征就是公益性。简单来说，它指的是所有阅读者都能够通过各种途径享受到公共单位所提供的各种阅读服务，在这个过程中，不管是哪一个成员都能免费享受相关服务，这也是公共图书馆建设的最根本诉求。从本质上来说，公共图书馆具有明显的公益性，它也是文化建设的一个重要渠道，所有的文化成果都能通过这一平台得到最完美的展示。同时，它也为群众提供了一个休闲的场地，让人们能够共享文化建设的优秀成果。《公共图书馆宣言》特别强调："我们不能对开馆的时间进行过多的限制，人们可以根据自己的需要随时进入，不管是哪一个成员都应该能够享受到平等的入馆权限。在这个问题上，所有的成员都是完全平等的，不论他们来自哪一个国家，不论他们讲的是哪一种语言，不管他们的性别、职业、社会地位存在怎样的差异，所有的成员都需要被平等地对待。"上述这些规定都为公共图书馆建设提供了根本的遵循，也是未来公共图书馆建设的标杆。普通的民众也会因此受到最公平的待遇，避免了因为门槛过高而引起弱势群体的合法权益受损，这样能够使所有民众获得自己需要获取的所有信息，这充分体现出了公共图书馆对民众利益的最大化保护。正是由于公共图书馆的这一特征，图书馆的免费开放程度才会大大提升，我国的公共文化建设才获得了崭新的发展空间，对其下一步的健康发展具有不可替代的关键意义。

2. 坚持公益性对公共图书馆的意义

公共图书馆的一个重要特征就在于它的公益性，因此，不管是哪一个读者都能够被公平对待。它的职责之一就是让公共资源被大众所使用，使得社会发展更加稳定，公众权益得到最大化保护。这里的“公众”所强调的是针对大多数人，它更多指的是一个群体。正是因为有了公共图书馆事业的蒸蒸日上，所有的读者才能被公平对待，公共资源价值也才能因此得到最大化彰显。公共图书馆在建设开始就具有明显的公益特征，在这种思维的影响之下，读者的利益得到了最大化保护，公共图书馆事业也随之而获得了崭新的发展，迈上了一个新的发展时期。发扬图书馆的公益特征，要求我们将人的价值放在发展的首位，关注读者的合法权益，促进其向着有序健康的轨道持续高效运转。以人为本是图书馆建设的一种重要人文理念，也是我们在工作过程中需要遵循的重要价值准则，它是其他工作的基础和前提。公共图书馆要将其最基本的受众——读者诉求放在第一位，以高质量的服务为其工作的准绳，让读者的利益得到最大化保护，突出读者反映的重要价值。从某种程度上来说，读者的反馈也是判断这项事业发展建设情况的一项重要指标。所以，公共图书馆建设过程中应该将读者的口碑作为一个重要的参照标准，它具有明显的现实性。坚持从公益的角度出发来建设图书馆，能够为未来的图书馆建设能力的进一步增强奠定扎实的基础。

（1）充分发挥图书馆公益价值，能够使得公共利益得到最大化保护。近些年来，经济的飞速发展带来了图书馆事业的蒸蒸日上，可以说，经济基础为图书馆发展提供了丰厚的土壤，图书馆的书籍类型也更为多样，图书馆事业在现代化建设的征程上开拓进取，读者从中获得了良好的阅读体验。不过，一些读者的需求具有明显的个性化特征，现有的文献难以满足他们的阅读需求，怎样使馆藏量增大、怎样确保其类型的丰富是各个图书馆需要思考的一个问题。为了应对这一难题，不同图书馆应该加强合作，将各自的优势体现出来。图书馆对于自身应该有明确的定位，和其他图书馆资源互补，使所有的资源能够被整合在一起，使得每一个图书馆都形成自己的建设特色与优势。正是因为公共图书馆具有明显的公益性，这样它们才能彼此联系在一起，在统一的思维和理念的引领下，树立崇高的责任感，牢牢把握读者的阅读诉求，使读者能够获得更为多样的体验。

（2）充分发挥图书馆公益价值，能够惠及更多读者。图书馆是全民建设的结晶，它是读者智慧的集中体现，也是所有民众思维的高度凝结，从这个角度来说，它是所有群众利益的体现与凝结。图书馆资源应当为民众共享，每一个群众都有权利享受它所提供的每一项服务。遵循公益性这一基本诉求，社会当中就会多一份公正，读者也有了阅读自己想读书籍的权利。公共图书馆不能设置准入门槛，所有成员都有使用它的权利，都有享受相关服务的权利。正是这种资源共享的宝贵性，使得更多的人员参与到图书馆建设当中，使其受众范围明显扩大。

（3）充分发挥图书馆公益价值能够确保工作高效开展。图书馆的这一性质也就决定了从业人员思维当中建立起了一种崇高的公共意识。他们会认为自己所从事的工作是为了民众，为了广大民众的诉求能够被最大化满足。这样一来，社会当中就会多了一份美好，多了一丝温情，读者的利益也才能被保护。这种崇高的责任感和使命感会激发他们对于工作的奉献精神，他们能够从自己的工作中感受到快乐，也会真诚地对待读者，读者也会不自觉地参与其中，图书馆的各项工作运转就会更为高效。社会的认可、读者的信赖都会成为他们提升服务质量的动力源泉，在这一动力驱使下，图书馆建设就会更加具有活力，各个图书馆才会去思考自己的出路以及创新的方向，工作业绩自然获得大幅提升。

（4）充分发挥图书馆公益价值，能够和读者构筑和谐的关系。要想与读者保持一种和谐的关系，就需要我们以一种平等的态度对待他们。对于图书馆来说，它们所面对的是广大的读者，要对这种关系有一种明确的认知，才能更好地建设各种文献资源。读者对自身的诉求更为满足，他们在各种公共活动中具有更大的话语权。此外，图书馆需要结合读者的诉求进行各种服务的建设，优化传统的模式，提升服务的质量和水平，这是图书馆的重要使命。拓宽交流渠道，读者在图书馆建设中参与度提升，就会对图书馆建设以及服务提出建议，图书馆才会针对这些反馈进行较好的改进，服务才会更加具有针对性。

（二）基本性

1. 基本性的概念

基本性指的是在建设图书馆的过程中，要确保每一个成员都能够享受到基本的读书权利。就科学的角度而言，文化应该具有极强的包容性，它应该被所有的人公平享有，读书亦是如此。假如这一特性有所缺失，一些人就无法正常去读书、去受教育、去享受相应的文化成果。从更深层面分析，没有读书的权利，其实就意味着没有被公平对待，文化就缺乏其该有的公平性。在构建科学化、高效化、完美化的公共文化机制过程中，要将基本性作为一个重要的特性予以对待。简单来说，就是每一个老百姓都能够参与阅读，进行学习。政府在其中应该为百姓提供更加多元的阅读方式，书籍、报刊、电子文献都应该成为公共资源的重要呈现途径。

2. 公共图书馆基本性的内容

（1）覆盖率。人人共享的图书馆需要有相应的资源作为保障，而最基本的实现途径就是建设更多数量的图书馆，保障覆盖率，这样才能使人们的资源利用更加便捷。

（2）规定最低藏量。只有图书馆的书籍藏量足够高，服务水平才能跟得上。藏量是我们判断区域文化水平的一项基本指标。

（3）完善图书设施。最近这几年，公共服务的优化与改善逐渐为大众所关注，均等化发展十分迅速，大多数县城都不断建设县级文化馆，满足群众对于文化发展的多元化需求。

为了贯彻落实公共服务的思维和理念，国家专门针对公共服务的相关细则制订了一系列的规划，还明确了最低的标准，打造出了以公共服务质量提升为诉求、满足服务多元化建设发展方向的多种模式。此外，还特别强调有经济基础的地区建设更加多元的、质量更好的服务机制。2018 年以来，我国颁布了多项针对公共图书馆的建设性法规，其根本的目的就是让公民的权益得到保护。

（三）均等性

1. 均等性的概念

均等性是未来图书馆建设的一个基本目标，也就是要让所有的人能够被公平对待，享受到平等服务。公共图书馆建设是一项重要的公益事业与公益文化，因此，每一个人都有权利享受到其中的每一个项目。均等性是全方位、宽领域的，不仅强调的是不同国籍之间的均等，更针对不同性别、工作、社会群体提出了均等化的目标，要对所有的人一视同仁，不能加以区分。要让公民能够接触到各种类型的资源、享受阅读的快乐，让服务得到所有人的认可。这是图书馆建设的根本目标。

2. 实现公共图书馆均等性服务的途径

（1）要在财政方面给予公益事业发展必要的支持。所有公益性事业都是免费的，图书馆也是如此，它所提供的资源是无偿的。从中我们能够清晰地看出政府对于广大民众的真心关爱，这也充分体现出政府对于文化建设的高度重视。政府要在公益事业建设方面加大资金投入，让基层能够享受到更好的经济支撑，实现经济投入真正向基层靠拢。不管是建设哪一级别的公共图书馆，当地政府都应该承担起总体规划设计的重担，将资金分配到各个项目当中。同时，还要为基层图书馆的系列建设工作提供必要的资金支持，包括基层图书馆建设、从业人员的专业技能培训、阅览室规划与设计、基层图书馆设备引进以及项目管理等。

（2）将多元化资源整合在一起，构筑完善的资源建设机制。让高校以及相关部门能够参与到合作当中，推动公共图书馆能够拥有更加完善的资源获得渠道。要针对各种各样的图书馆进行明确定位，将它们各自的优势整合梳理出来，最终汲取别家优势，建立属于自己的资料分析库。此外，要紧紧围绕服务功能进行相关建设，使服务更加多元，特色专业更加突出，进而使公共图书馆成为未来拉动经济发展的强大动力，为繁荣当地文化做出杰出的贡献。

（3）要遵循人的重要价值，强调人与人之间的绝对均等。图书馆工作人员的使命就是更好地满足读者的多元化需求。图书馆应该充分认识到这一点，将读者的诉求放在发展的首位。在某种程度上来说，图书馆职能能否得到高效发挥受到服务质量的直接影响。工作人员必须更新自我的服务观念，按照不同读者在心理诉求、知识体系、个体行为以及心理特色等方面的特征，构建适合读者的服务体系，真正去考虑读者的自我特色，确保自己所提供的服务是高质量、仔细、周到的，这才能真正体现出图书馆对于人的价值的充分强调，在和读者双向交流的过程中收获平等、关爱与幸福。

（四）便利性

1. 便利性的概念

除了上述几种特性外，公共图书馆还有一个最大的特征便在于它的便利性。便利性指的是让读者在阅读的过程中能够以更快、更简单的方式享受到图书馆所提供的各项服务，让读者不再忍受等待的痛苦。《公共图书馆建设用地指标》明确要求必须将便利性作为图书馆建设的一项重要准则。例如在进行布局的过程中，要选择合理的位置来建设图书馆，通常所选择的是城市的核心区域，这里的人流量较大，具有良好的交通条件，周边配套设施十分完善，公交也十分便捷。同时，该指标还抛出了服务半径这一基本理论，按照图书馆规模的差异来确定相应的指标。一般而言，规模较大的图书馆需要保持在骑行一个小时的范围内到达目的地，规模中等的图书馆需要保持在骑行或乘公交车半个小时的范围内到达目的地，规模较小的图书馆需要保持在骑行或乘公交车 20 分钟的范围内到达目的地。这就使得读者能够合理安排自己的时间，这是服务半径的价值所在，图书馆的价值也被充分体现了出来。《标准》还特别强调，图书馆扩建是一个常见的事情，扩建不应该改变原有土地的性质，在原有土地的基础上进行公益活动，满足读者的阅读需求，这样所打造的服务机制才更加完善与健全。图书馆要将便利性作为一个重要的考核指标，通过多元化途径，有创意、有目的地引导读者从中获得满足感，真正营造服务至上的氛围，让便利性成为图书馆建设的重要原则。

2. 实现公共图书馆便利性的基本要求

（1）在确定馆舍的位置时，要充分考虑读者的便利。面对网络技术的高度发展，图书馆的距离早已经不是一个难题。然而，我们能否在较短的时间内到达图书馆仍然引起了众多读者的思索。网络图书馆和实体图书馆之间有着明显的差异，实体图书馆能够让我们在学习的氛围中感受到优雅、知性，这是网络无法取代的。网络虽然具有极大的便利化特征，但是它存在天然的缺陷，也不可能将所有的实体图书馆取代。人们渴望到图书馆汲取知识，那么图书馆的便捷性就尤为重要。一些国家强调，从任何一个地方出发，最长 20 分钟我们就应该见到一个图书馆。还有一些国家设置了各种各样的分馆，其目的就是满足读者的阅读需求。

（2）要强化资源组织的力度，让读者享受便利。如果我们要对图书馆的文献单元进行一定的划分，那么我们需要将图书馆作为信息组织的关键与核心。在进行组织的过程中，我们应该做到：一是确保所搜集的信息类型全面、内容全面。二是在组织资源的过程中，要将读者放在重要的角度来予以考量，结合他们的需求实施多样化组织。具体而言，要考虑物力要素，结合载体的特征进行科学的安排。做到这一步后，读者在定位和寻找各种资源时就会更加便利，时空的限制被极大地突破。可以从以下方面着手实施：①尽量让书库的开间比一般的区域大一些，阅览室格局应该与书库保持一致。同时，要将二者的距离尽可能缩短，这样的格局便于读者阅读走动。②借阅的过程中要使用开架模式。③对于新入库的书籍而言，要将它们放在专门的书架上，按照入库的次序进行编码，读者在阅读时才会更加便捷地定位自己所需，时空限制被极大地突破。同时，要配备专门化的检索机制，使得读者在寻找馆藏图书时消耗时间更短，尽可能实现“一键检索”的目的。在衡量一个检索系统是不是方便使用时，有一定的检测标准，我们应该结合相应的标准进行系统设置。常常使用的数据是“检全率”和“检准率”。这有助于我们得出准确的结果，但是在使用的过程中却十分费力。读者可能会因为一个系统的费力而选择不去使用它，这是影响读者对一个系统科学评价的重要因素。因此，检索系统需要考虑多方面的要素，不仅要强调结果的准确性，还要考虑过程的便利性。同时，还应该充分考虑对电脑不熟练的人在操作检索系统时的便利性，要让所有的人对这个系统都运用自如。这样的数字图书馆才更具魅力，为读者检索提供了极大的便利。

3. 服务设施要方便读者

服务设施最根本的作用是让读者获得便利，首先要优化内部格局，充分考虑内部陈设的科学性。同时，还应该特别注意到，图书馆当中的部分人群属于弱势，我们要充分考虑他们的便利性。

4. 服务方式要方便读者

要选择读者可以接受的服务方式。就内容的选择而言，要尽可能使读者较快接受。同时，还要从小处着手。在居民密集的区域内，可以设置一些街区分馆，这样一来，读者但凡有需求，都可以在第一时间去查找资料。

三、公共图书馆的职能

（一）传承发展人类文化

人类文明自有文字以来，便出现了记录文化的载体——书籍。书籍在整个社会文明的传承中扮演着不可或缺的角色，尤其是记叙历史的著作，更为直观地见证了历史的延续。而图书馆的职责就是要保存好、管理好这些珍贵的文献资源，这是图书馆最古老且最基本的职能。在当今的信息时代，科学技术突飞猛进，对于这些珍贵文献，公共图书馆可以将其转化成更为先进的载体形式来保存，如对文献进行数字化处理等。

1. 传承发展中华优秀传统文化

中华文明源远流长，中华文化博大精深。中华文化是中华文明最独特的精神标志、最深沉的精神追求、最丰厚的滋养沃土，是中华民族自强不息、发展壮大的精神力量，具有独一无二的理念、智慧、气度和神韵，塑造了中华民族的鲜明品格，滋养了独树一帜的中国精神，陶冶了勇敢智慧的中华儿女，是中华民族生生不息、代代相传的文化之根，对促进人类文明的发展起到了重要作用。

中华优秀传统文化是中华民族的“根”和“魂”，是中华儿女共同的精神基因，是最雄厚的文化软实力，是中国特色社会主义植根的沃土，是中国人民在世界文化激荡中站稳脚跟的坚实基础，造就了中华民族特有的信仰追求、高尚品质、价值取向、文明准则、审美情趣和思维方式，熔铸了中华民族的气节、气魄、性格和品格，构成了中华民族的脊梁、血脉和灵魂，成为维系中华民族繁衍生息、历经磨难而不断强盛的精神家园和精神支柱。保护、传承好传统文化，既有助于激活文化传统、唤起文化记忆，也能够涵养一个民族共同的文化自信。这种文化自信，是更基础、更广泛、更深厚的自信。

图书馆作为收集、保存、传承、发展优秀传统文化的重要场所，有责任有义务传承好、发展好中华民族传统文化，留住中华文化的根，守住民族文化之魂，推动中华优秀传统文化走向世界舞台，服务各国人民。

国家图书馆为弘扬古籍中承载的民族精神，讲好国图典籍故事，传承中华优秀传统文化，联合国家图书馆出版社、上海远东出版社等单位策划、出版了《中国珍贵典籍史话丛书》《国学基本典籍丛刊》和《国家图书馆古籍善本掌故丛书》。《中国珍贵典籍史话丛书》选择《国家珍贵古籍名录》中收录的蕴含着丰富历史故事的珍贵典籍，用通俗的语言讲述其在编纂、抄刻、流传、收藏过程中的故事，内容涵盖汉文古籍经、史、子、集各部。《国学基本典籍丛刊》是国家图书馆出版社从 2016 年开始倾力打造的一套丛书。《国家图书馆古籍善本掌故丛书》主要选取国家图书馆各类古籍中具有鲜明特色者，以书籍、作者、版本、流传故事为主要内容加以介绍。这些丛书的出版对弘扬古籍中承载的民族精神起到了积极作用，具有很高的学术价值和社会价值，对提高公众的传统文化素养、传承中华优秀传统文化具有重大意义。

“我们的传统节日”是桂林图书馆为传承中华优秀传统文化、践行社会主义核心价值观而组织的一项志愿者品牌服务活动。围绕每年的元旦、春节和中秋佳节，从汉民族传统节日到广西少数民族特有节日，桂林图书馆全年开展了丰富多彩的活动。元宵喜乐灯谜会活动、写春联活动、传统文化教育讲座与节日同步开展。同时，桂林图书馆志愿者还积极在活动中普及志愿理念、弘扬志愿精神、倡导全民阅读，为传承中华优秀文化、弘扬民族精神、彰显节日文化的魅力起到了积极的作用，在社会上产生了广泛的影响。

2. 继承革命文化

革命文化是党和人民宝贵的精神财富，它继承了中华优秀传统文化的基因，汲取了中华优秀传统文化的营养，体现了共产党人的理想信念和崇高追求，彰显了共产党人的优秀品质，积淀着中国共产党人信念坚定、忠诚可靠、勇于担当、团结协作、甘于奉献、不畏艰辛、敢于胜利等高尚情操，是中国共产党和中国人民在革命、建设和改革开放各个历史时期形成的精神追求、精神品格和精神力量，具有革命性、民族性、大众性、时代性和创新性等特点。

公共图书馆是社会主义公共文化服务体系的重要组成部分，是人民群众学习成长的终身学校，必须坚持社会主义先进文化的前进方向，必须弘扬社会主义核心价值观、传播革命文化，必须弘扬主旋律、倡导正能量。

中国国家图书馆是国家总书库、国家书目中心、国家古籍保护中心、国家典籍博物馆。其馆藏面积位居世界图书馆界第三位，现有馆藏文献3500万册（件），居全世界第十位。在馆藏文献中，有大量的红色文献，特别是《中国共产党章程》和中国共产党中央机关所办的多种机关刊物的收藏较为齐备。从1922年7月中国共产党第二次全国代表大会通过的第一个《中国共产党章程》到后来各个历史时期党的章程，悉数收藏。2015年8月举办的“不朽的长城——纪念中国人民抗日战争暨世界人民反法西斯战争胜利70周年馆藏文献展”，2016年7月举办了“红色记忆——纪念中国共产党成立95周年馆藏文献展”，均取得巨大成功。为整理中国现当代重大事件、重要人物专题文献，国家图书馆专题采集了一系列口述史料、影像史料等文献，收集了手稿、信件、照片和实物等文献，于2012年建成中国记忆项目中心。

3. **保存和传承地方文化**

地方文化是一定区域内历史悠久、特色鲜明、民众崇尚、至今发挥作用甚至有较大影响力的文化。它不仅是中华优秀传统文化的组成部分，而且是中华民族的宝贵财富，更是各地社会经济文化发展的标识和品牌。

地方文献是地方文化的载体，是综合反映一个地区政治、经济、文化、历史、地理、风土人情、名胜古迹等重要内容的区域性文献，主要包括地方史料、地方人士著述和地方出版物三部分。地方史料包括当地党政机关、社会团体、学校、企事业单位编撰的反映本地历史、政治、经济、文化等方面的图书、图片、图册、报纸、期刊、音像制品。当地的史志史料包括地方志、部门志、企业志、人物志、风情志、风俗志、影像志、党史、校史、厂史、村史、事业史、大事记等。民间流传的谱录包括家谱、族谱、宗谱等，各种历史文献、古籍图书，当地民间流传的各类民俗景观图片、历史场景图片、金石拓片、书法、绘画作品、歌本、账本、地契，反映当地非物质文化遗产的文字、音像资料等。地方人士著述包括当地名人志士的资料（家史、传记、书稿、专著、书信等），当地籍或曾在当地任职、居住、工作的各个时代具有一定影响力的人士著述、日记、信函、传记、字画、回忆录、著作手稿、声像资料等。

地方出版物包括当地各级各部门编印的统计资料、会议文集、文件汇编、年鉴、地图、名录等内部资料和内部出版物及其他有价值的文献资料。

地方文化是地方文献产生的源头，是地方文献产生的前提和基础；地方文献是记载地方文化的重要载体，是地方文化的重要组成部分。

公共图书馆作为收集、整理、保存文献信息并提供相关服务的法定单位，要充分发挥自己的职能优势和业务优势，切实做好地方文化的传承与发展。

（二）开发信息资源

互联网时代，信息资源爆炸式增长，呈现出杂乱性、无序性等特点，人们利用起来十分不易。图书馆在购入文献资源、音像资源、数据库资源的时候，需要对这些资源进行开发整理，形成有序、集成度较高的信息源，以方便读者使用。图书馆对信息资源的开发具体来说有如下几种：①对采购的文献进行登记、编目和加工处理，以便科学排架；②对馆外信息资源进行搜索过滤，建设虚拟馆藏；③对馆藏文献进行数字化处理，制成电子信息资源。

（三）开展社会教育

1. 思想教育的职能

《中华人民共和国公共图书馆法》第一章第三条规定，公共图书馆应当坚持社会主义先进文化前进方向，坚持以人民为中心，坚持以社会主义核心价值观为引领，传承发展中华优秀传统文化，继承革命文化，发展社会主义先进文化。该条款目的在于帮助读者树立正确的价值观和世界观，明确我国公共图书馆的发展方向。图书馆馆员要时刻牢记思想政治教育的宣传职责和服务育人的办馆理念。

2. 文化教育职能

公共图书馆的文化教育职能主要体现在为读者提供完善的学习环境，如阅读区、自习区和娱乐区等，让读者在规定的时间内自由地享受图书馆的设施和提供的服务。公共图书馆向所有的社会群体敞开大门，普及一些计算机的基础知识、文献资源的借还步骤等，使每个人都能平等地享受图书馆提供的服务，掌握终身学习的技能。

3. 丰富文化生活的职能

文化娱乐是人类生活的重要组成部分，图书馆在提供知识服务的同时，也向群众提供了文化娱乐服务。例如，向读者提供报刊，播放主题电影，等等，这些都丰富了读者的文化生活。

第三节　我国公共图书馆的发展方向

一、公共图书馆的宏观发展方向

公共图书馆的宏观发展方向是图书馆协作网络。网络化是信息化和信息资源共享的物质基础，也是公共图书馆发展的必由之路。我们要根据国情建设我们自己的图书馆网络，结合本行业的实情来建设和发展网络；建立起层级性的资源管理协调系统，制定各类信息资源的开发重点、布局方式，按照地区和学科特点，规划不同级别信息节点的资源建设工作，以减少重复、提高效率。

二、公共图书馆的微观发展方向

公共图书馆的微观发展方向是复合图书馆。由于网络技术的发展，信息的传递变得越来越方便，有人提出未来的图书馆是虚拟图书馆，图书馆的实体已经没有存在的必要。但实际上，虚拟图书馆与传统图书馆之间，不是替代的关系，而是互相依存、互相促进的关系。如果没有传统图书馆选择、收集、加工文献信息，虚拟图书馆中的信息资源就会匮乏；反之，如果没有虚拟图书馆提供新的信息环境，传统图书馆也不可能突破原有工作的局限，有限的馆藏和服务难以充分满足用户的需求。

可见，虚拟图书馆是建立在传统图书馆基础之上的。同时，网络技术的进一步发展也为传统图书馆带来了发展机遇。复合图书馆既继承了传统图书馆的文献资源，又进行印刷型、声像型、电子型、网络型等全方位、多功能的信息保障体系的建设；既继承了传统图书馆较为成熟的信息分类、信息检索技术，又发展了现代的计算机检索、超文本链接及多媒体检索等新兴信息技术；既开展基础的借阅服务，又拓展了网络导航等新的服务领域和服务方式。因此，复合图书馆是图书馆未来的发展方向，它的建设将使公共图书馆更加充分地发挥自己的社会职能，更好地服务社会。

三、公共图书馆的发展变化

（一）互通互联化

互通互联化是指用户与用户之间、用户与图书馆之间、图书馆与图书馆之间、图书馆与各信息服务机构之间，利用网络通信技术以及各种智能感知设备，实现彼此信息需求之间的有机联结，从而更好地为用户提供智慧化服务。具体的互联互通内容如下：

第一，用户与用户之间。用户与用户之间的互联互通主要是通过大数据技术识别相似用户，然后根据相似用户的阅读偏好、阅读记录将内容推送给目标用户，提升图书馆的服务质量。

第二，用户与图书馆之间。用户与图书馆之间的互联互通可以通过图书馆 APP（手机应用软件）移动终端、社交媒体工具终端来实现，如预订座位、借还书籍、滞纳金交付等，将用户与图书馆在线上连接起来。

第三，图书馆与图书馆之间。图书馆与图书馆之间可以通过共建数据共享平台来实现互联互通，如共建共享数据库、读者的诚信信息系统，构建同城一卡通系统等，节约成本，实现高效互联。

第四，图书馆与各信息服务机构之间。图书馆与各信息服务机构之间，可以和图书馆与图书馆之间一样，共享各自的数据信息，互通有无。必要的时候可以合作共建数据共享平台，最大限度地为用户谋福利。

（二）高效环保化

首先，高效化。公共图书馆利用智能技术可以实现高效服务。例如，将先进的信息技术用于联结图书馆后台的内部管理和前台的一线服务馆员，全方位地对图书馆的事物进行统一规划，最大限度地节约用户的时间成本，提高服务效率。

其次，环保化。绿色发展是全球发展的大趋势，公共图书馆应当是绿色发展、可持续发展的图书馆。在这一方面，公共图书馆应当身体力行。众所周知，图书馆是用电大户和用纸大户，图书馆的计算机房用电、照明用电、空调用电、电梯用电等均是一批不小的开支。公共图书馆应具备相应的智慧调控系统，根据用户流量来做出相应的调控，以最大限度地减少用电的浪费。在用纸方面，公共图书馆应提倡读者使用数字文献和电子数据库，减少复印用纸造成的环境污染和资源浪费。

（三）泛在便利化

公共图书馆的第三个发展方向是使用户享受更加便利的服务。比如，第一，在图书馆内进行无线网络全覆盖，为用户提供泛在的无线网络环境，使用户随时随地都能查询自己需用的资源。第二，公共图书馆 24 小时开放，使用户在任何时间都能不间断地获取自己所需的信息，充分利用图书馆的信息资源，体现以人为本的服务理念。第三，公共图书馆应当是服务内容更丰富、服务质量更高的图书馆。如开展预约短信通知服务，即读者预约图书馆讲座，预约成功与否图书馆会以短信通知的方式发送到读者手机上，以此为用户提供最大便利。

第二章　公共图书馆转型现状与发展

公共图书馆的转型与发展的外在驱动是读者和用户需求的变化，内在驱动则是其核心业务的变化。核心业务的变化引起或者促进了图书馆组织机构、服务方式、运营模式、建筑设施、文化与功能定位的变化，因此分析和研究现实中图书馆的转型与发展必须抓住核心业务这个关键。

第一节　核心业务的变迁

由于受政治、经济、文化、社会与技术等因素特别是出版技术的影响，不同时代公共图书馆有着不同的馆藏主体，而馆藏主体的变化又导致了核心业务的不同。

农业时代和工业时代，尽管出版技术有过从手工刻写到雕版印刷、从雕版印刷到活字印刷等几次大的演进和变革，书籍的形式也从龟甲、兽骨、竹简、帛书一直发展到印本，但其本质并没有发生质的变化，依然是实体文献。因此，几千年来图书馆的馆藏主体一直是实体文献，图书馆的核心业务全部围绕实体文献展开，其业务流程并没有发生过质的变化。当然，由于出版技术的局限，在雕版印刷术出现之前，书籍的“出版”全部依靠书写者一笔一画刻写出来，批量“出版”非常困难，社会上书籍甚少，图书馆馆藏亦然不大，这时的图书馆核心业务流程以个体劳动、手工作坊为主要特点。在雕版印刷术和活字印刷术发明之后，书籍的批量出版成为现实，比以前手工刻写时代图书数量大为增长，图书馆的核心业务虽然还是围绕实体文献展开，但已经开始超越农业时代早期的个体化、作坊化的特点，逐渐发展成为一种工业时代的带有流水线性质的作业方式，特别是进入工业时代以后，这种具有现代工业性质的流水线的作业方式发展越来越成熟，并演变、划分为若干环节，以提高效率。但是无论如何发展，均没有脱离实体资源这个核心。

（一）工业时代图书馆的核心业务流程

农业时代图书馆与工业时代图书馆的馆藏主体均为实体文献，业务流程均围绕实体文献展开。与农业时代图书馆相比，工业时代图书馆发展更为成熟，其以实体文献为馆藏主体的业务流程发展更为完备。因此，研究和分析工业时代图书馆核心业务流程很具代表性。

图书馆业务员工作是以图书文献为工作对象，以读者服务为目标，以传递文献信息为手段的一种服务过程。从搜集文献开始到把馆藏文献传递给读者，包括许多工作环节，各工作环节相互联系、相互制约，形成一个开放的图书馆工作体系。图书馆业务工作体系由文献的收集整理和文献的传递使用两大系统组成。

传统图书馆核心的业务工作就是围绕实体资源的搜集、整序、利用展开的。其中核心的工作岗位是采访和编目，尤其是编目工作，一则因为编目规则复杂，二则大多数的标引和著录工作都逐步采用计算机来做，是传统图书馆中技术含量最高的工作。可见，编目是传统图书馆业务流程的中心环节，它既是文献搜集整理的后续环节，又是文献利用的基础和前提，起着承上启下的作用。从本质上来讲，传统图书馆业务流程的两个环节——搜集整理与传递利用也是信息时代图书馆业务流程的两个环节。虽然如此，其内涵却大为不同。传统图书馆业务流程所处理的对象是文献，具有一定的物理形态，是实体性的对象，标引著录都是围绕文献的外部属性进行的，而没有深入文献的内部。文献的传递利用也是基于整本书、整本刊或者整份报纸进行的，虽然复印技术的发明使得图书馆可以为读者提供其所需文献的部分内容，但这种情况仍然不能改变传统图书馆对文献利用的整体性和宏观性。

（二）信息时代图书馆的核心业务流程

信息时代图书馆面临的最大变化是馆藏结构的变化，以及由此引起的核心业务流程的变革。传统图书馆时代是实体资源主导的时代，图书馆的馆藏主体由实体的图书、期刊、报纸、音像制品构成，虽然也有广播电台、电视台播放的电视、广播节目，但受技术条件的制约，图书馆并没有将声波纳入自己的馆藏，如果图书馆需要收藏某些视听资料，也是通过影带、磁带、唱盘、碟片等实体形式收藏的。而信息时代最大的变化是出现了虚拟资源，数字出版技术的发展更使得以互联网为载体的数字文献发展日益迅猛，而数字文献中原创灰色数字文献发展更为迅猛，其数量庞大，质量日益提高，并且在学术领域、管理领域、经济领域与社会生活领域中的运用日渐深入。这种背景下，图书馆的馆藏结构正在发生着深刻的变化，一方面数字文献在馆藏结构中所占比例越来越大，另一方面数字文献中灰色文献所占比例越来越大。数字文献在整个馆藏中的比例将会超过实体文献，而数字文献中的灰色文献的比例将会超过数字文献中的白色文献。在我国公共图书馆中，数字资源的重要性正在不断增强。这表现在诸多方面，如文化共享工程、数字图书馆推广工程在公共图书馆的大力推进，公共图书馆自建数字资源的大量涌现，公共图书馆在数字资源方面的投入不断增加。

如果说上述举措只是调整实体资源与数字资源之间的比例，那么对于灰色文献的搜集、整理和利用则深刻地影响着数字资源内部白色文献与灰色文献的比例，特别是最近20余年互联网的迅猛发展，使得灰色文献的发布有了一个非常广阔的平台，学术动态、会议资料、技术报告、商业文件和政府文件等许多类型的原创灰色文献都通过互联网首先发布，因此，对于以互联网为载体的灰色文献的搜集、整理和利用现在成为国内外图书馆界的一个热点课题。中国国家图书馆等世界许多国家均开展了互联网资源的长期保存项目。

信息时代图书馆业务流程所处理的对象是一种与传统的实体文献不同的数字文献，这种文献具有非实体性、虚拟性等特点。业务对象的这种变化对图书馆业务流程的构建产生了相当深刻的影响。传统图书馆时代，图书馆业务流程的两大阶段——搜集整理与传递利用，各自又可以划分为若干小的环节。例如搜集整理阶段可以划分为搜集、加工和典藏三个小环节，传递利用阶段又可以划分为了解需求、提供服务和服务效益评价，而提供服务则包括外借、阅览、复制、馆际互借等诸多具体形式和手段。这些具体环节在物理上是可分的，图书馆的组织机构建制则与其对应，有采访、编目、典藏、阅览、外借等各种部门。所有这些都建立在实体资源这一业务对象的基础之上，一旦实体资源转变为虚拟资源，情况就发生了很大的变化。在虚拟资源时代，传统图书馆基于实体资源划分的业务流程各个环节之间的界限正在逐渐模糊甚至消失，直至相互融合。例如，在搜集整理阶段，以图书为例，搜集就表现在对图书的采选、购买，加工则体现在对所购图书的验收、查重、分类、编目的诸多环节上，而典藏则体现在上架、盘点等环节上。这些环节在物理上是可分的，在空间上也是可分的；但是在虚拟资源时代，情况却大为不同。虽然从本质上讲，对虚拟资源的搜集整理也可以分为搜集、加工和典藏三个环节，但在实际工作中，这三个环节却是一体化的，不像在实体资源时代不同环节的工作有不同部门、不同岗位来完成，虚拟资源时代诸多环节的工作基本上是由同一个岗位来完成的。我们以互联网资源搜集整理为例，典型的业务流程是这样的：

①搜集环节：通过各种途径在互联网上发现所需要的内容，即对象数据。

②加工环节：对对象数据进行元数据标引。

③典藏环节：将标引后的对象数据发布入库。

在实体资源时代，上述三个环节的工作必定需要三个岗位来完成，因为在三个环节中实体资源并不固定在一个物理空间，业务流程的完成伴随着实体资源的流转。在虚拟资源时代，上述三个环节的工作需要一个岗位就可以完成了，因为三个环节中虚拟资源实际上“固定”在一个物理空间——工作人员用的计算机中，当然这仅是对工作人员而言，实际上虚拟资源可能存放于不同国家的不同服务器上，但是对工作人员而言，他并不需要去虚拟资源所在的服务器那个地方才能工作，他只是一直待在自己的岗位上就能处理这些虚拟资源，完成工作，所以我们说虚拟资源是“固定”在一个物理空间中的，因此，业务流程就可以在一个物理空间由一个岗位来完成。这种情况下，如果人为地将三个环节像实体资源时代那样硬性划分为三个岗位来做，效率和效果等不是很好。不仅搜集整理阶段如此，就是传递利用阶段也是如此，甚至传递利用和搜集整理也可以融合在一起。

（三）核心业务的变迁

1. 工作重心由“藏”向“用”的嬗变

“藏”与“用”的关系一直是图书馆发展变迁的内在矛盾，推动着图书馆不断前进，在不同的历史阶段，藏与用的关系有所不同。传统图书馆时代的两个历史阶段中，农业时代图书馆以藏为主、以用为辅，工业时代图书馆则是藏用并重，而信息时代图书馆则更加强调用。这种变化的原因在于环境变迁对于图书馆的影响。由于信息技术、出版技术和互联网技术的发展，信息时代是一个资源急剧膨胀的时代，包括实体资源、虚拟资源在内的各种载体的资源日趋丰富，各种类型的出版商为图书馆提供了大量高品质的资源，从而使图书馆的馆藏有了相当大的增长，而图书馆经费的增长也为图书馆馆藏的增长奠定了坚实的物质基础，因此，信息时代图书馆对于藏与用的关系的看法也发生了本质的变化。在传统图书馆时代，由于各方面条件的制约，“藏”一直是图书馆工作的重心所在，而信息时代这种情况正在发生着变化，“用”逐步取代“藏”

而成为图书馆工作的重心所在。例如，有学者认为，图书馆的本质至少包括两个方面：一是对文献和信息的积累和序化，把无序的文献知识变成有序化；二是解决用户获取的问题，从哪里获取，如何获取，图书馆在积累、序化和获取的基础上，应该更加关注用户对获取知识的利用问题。

同时，“用”的内涵和外延在不断丰富和拓展。传统的“用”主要是指对图书馆书报刊等馆藏资源的利用，现在的“用”则拓展为对包括书报刊、数据库、馆舍、人员等图书馆所有资源的利用。不少图书馆除了广泛深入地开展图书馆信息服务、知识服务等基于馆藏资源的常规服务之外，还开展了市民讲座、小学生托管、职业介绍、读者沙龙等各种形式的非常规服务，并使之逐步成为图书馆的常规服务项目。读者和用户对图书馆的利用成为一种广义上的对图书馆硬件、软件、资源、人员等所有资源的利用，而不是狭义上的对馆藏资源的利用。这种实践上和理念上的变化，使图书馆在进行绩效评估时摆脱了以馆藏资源利用率为导向的局限，而着眼于以图书馆整体资源利用率为导向的辩证绩效考核理念。

2. 文献单元颗粒度越来越小

基于馆藏资源开展的文献服务，是图书馆的一种常规基础服务。受制于技术水平的局限，传统图书馆的文献服务单元颗粒度很大，是基于整本书、整本刊或者某期报纸展开的。服务的形式是以上述文献单元的借阅展开的，充其量对其中的部分章节提供复印服务。除了个别的高级咨询服务有可能通过高级馆员深入文献内部之外，其余的服务基本上是深入不到文献内部的。信息时代，技术的发展使得图书馆文献单元的颗粒度越来越小，馆员可以很方便地深入文献内部，为读者和用户提供针对性更强的服务。如果说传统时代图书馆的文献单元的颗粒度是一本书、一本刊或者一期报纸，那么，现在图书馆的文献单元的颗粒度可以是某一章节、某一段落、某一句话甚至某个词。这种变化使得图书馆有可能在“用”的领域做出更有成效的工作。有学者认为：“如何把馆藏文献从系统中释放出来，然后加以碎化，加工成若干个‘知识片段’，或是有些人说的知识元、知识片、知识原子等。将粗颗粒的文献，加工成细小颗粒的知识元，然后把它提供给用户，使用户能够更方便、直接地获取他所需要的东西或者能解决问题的知识，也许图书馆学会有更大的新的发展空间。现在图书馆学关注的还是文献的表面现象，对文献的管理还停留在文献的表面，所以有人说图书馆学是研究书皮的学问。目前，图书馆管理的是文献，提供的是文献服务，而不是知识服务。如果要开展知识服务，就要深入到文献内容之中，对文献进行多层次的揭示、组织管理，促进用户对其内容的创新性利用。”

3. 图书馆的文化教育职能不断强化

除信息职能这一核心职能之外，传统图书馆时代就肩负着一定的文化教育职能。如果说传统图书馆的核心业务和职能在互联网时代发生了深刻的变化，那么图书馆的文化教育职能在互联网时代不仅没有削弱，反而得到了进一步强化，这一点已经为大多数公共图书馆的发展实践所证明。互联网时代是一个多元化的时代，面对社会转型期民众的多元需求、多元价值以及社会的多元体制机制，公共图书馆的功能也同样面临完善。作为公共文化场所，图书新馆须通过高层主题论坛系列文化讲座、展览、阅读、征文等多元化的公共文化主题活动，不断强化自己的文化教育职能来吸引和影响民众。

4. 图书馆的价值导向作用日益凸显

信息时代图书馆所处的环境比之传统时代有了非常大的变化，一方面图书馆已经不是社会上少数拥有知识和资源的机构，另一方面读者获取信息和知识的手段和途径也大为丰富。在某种程度上，图书馆对于读者和用户的吸引力在日渐下降。但是，在建设社会主义公共文化服务体系的过程中，图书馆又担负着文化价值引领的重要职责和使命。文化引领是图书馆的核心价值所在，尤其是在这样一个信息爆炸的时代更是如此。图书馆应很好地发挥文化引领作用，通过引导读书，关注社会学术成长，使得到图书馆的人越来越多，爱好读书的人越来越多，从而使一个区域的学术之风建设起来，民风也就随之淳朴起来，社会也就积极向上了。这就是文化引领，这就是图书馆的文化软实力。

第二节 组织形态的变迁

图书馆业务流程与核心业务的变迁，对于图书馆组织形态产生了直接和深刻的影响。业务对象变化引起的业务流程的变化，导致了图书馆组织形态的扁平化和大部制的发展趋势，而业务重心的变迁导致了营销部门在图书馆建制中作用越加凸显的趋势。

（一）扁平化

传统时代图书馆的组织形态多采用塔式结构，层级较多，一般情况下，多数图书馆的组织结构为“馆长—副馆长—部门—室—小组—馆员”，按照塔式结构的管理规则，组织内部每一级领导不能越级管理下级，同样组织内部每一级工作人员也不能越级向上级汇报工作。这种刚性的层级管理结构很难适应这样的一个变化的时代，效率比较低下，而且横向联系薄弱、协调困难。传统时代图书馆的组织形态之所以采用塔式结构，是因为受到组织内部协同工具的制约。传统时代组织内部的协同工具主要就是工作会议、个体沟通以及电话等通信工具。显然，这几种传统的协同工具只能采用塔式组织结构。信息时代图书馆，组织内部的协调工具是互联网和即时通信工具，利用这些协同工具，可以便捷地进行点对点、点对多、多对多的沟通，也可以利用这些协同工具召开线上会议，从而使得组织的协同不再依赖于需要层层传达的塔式组织结构。

同时，信息时代图书馆业务流程的变化，也为扁平化组织机构的兴起提供了现实的基础。正是由于搜集整理和传递利用两个阶段的诸多环节之间界限的消融，才使得扁平化组织形态成为现实。所谓扁平化有两方面的含义，一是物理层级的减少，二是协同时层级的减少。物理层级的减少，指的是组织的实际建制中撤销一些没有必要的层级。协同时层级的减少，指的是利用互联网和即时通信工具在协同时直接向大部分或者所有层级协同，减少传递信息的层级。物理层级的扁平化和协同层级的扁平化是扁平化的一体两面，具有同样重要的意义。扁平化组织机构减少了管理和协同的层级，扩大了管理和协同的跨度，加强了图书馆横向部门之间的协同，降低了图书馆的运营成本，提高了效率。例如，塔式结构下，馆长要安排一项任务，需要向主管副馆长下达任务，主管副馆长再向部门下达任务，部门主任再向有关办公室下达任务，办公室负责人再向有关小组下达任务，小组长再向馆员下达任务。显然，这种层层下达任务存在有效率低、信息衰减、横向合作差等弱点。在扁平化结构下，馆长通过内部的即时通信系统可以同时直接将任务下达到副馆长、部门和馆员以及需要配合的部门，减少了层层传达造成的效率低、信息衰减和横向合作差等不足。

（二）大部制

传统时代图书馆的部门建制是依据对实体资源搜集整理、传递利用构建的，部门较多。资源建设部门一般包括采编部、地方文献部、报刊部、资源采集部、资源加工部等，读者服务部门一般包括借阅部、参考咨询部、辅导部、培训中心、少儿部等，管理及辅助部门一般包括办公室、财务部、工会、保卫部、后勤部、人事部以及其他部室。

大部制的设立有助于减小图书馆条块分割造成的缺陷，减少各业务部门之间的职能交叉和权限冲突，规范、简化读者利用图书馆的手续，形成权责一致、监督有力的行政管理体制；另一方面也可以减少横向协调困难，解决信息传递受阻、流通不畅的问题，有利于图书馆信息资源保障体系的建设及网络信息的充分利用，从而建立起高效的符合新一轮发展要求的现代化运行体制，提升图书馆信息服务的整体效益。因此，越来越多的图书馆采用了大部制管理模式，比较典型的有上海图书馆、南京图书馆、深圳图书馆、浦东图书馆等。如深圳图书馆将具有相同性质的部门整合为一个中心，在馆长领导下分设了四个中心：读者服务中心、资源中心、技术中心、管理中心。其中，读者服务中心下包括图书服务部、报刊服务部、数字图书馆服务部、特藏服务部等多个分部。

（三）营销部门

信息时代是一个资讯发达、知识爆炸的时代，读者和用户获取信息和知识的途径日趋多样化，信息时代的图书馆不像传统时代的图书馆那样成为某一地区为数甚少甚至是唯一的信息、知识中心，图书馆并不是读者和用户要获取信息和知识的唯一选择或者为数不多的选择之一，信息时代的读者和用户可以通过互联网、手机、电视、电台、报纸、图书、期刊等传媒来获取自己所需要的信息和知识，处于这样一个时代的图书馆必须要强化图书馆的营销工作。通过营销，使更多的读者和用户来到图书馆，使用图书馆；使社会各界充分了解图书馆，为图书馆发展创造一个良好的社会环境；让社会各界充分认识到图书馆在保障信息公平、消除数字鸿沟、涵养人心方面所起的积极作用。正是基于这样的考虑，公共图书馆应该设立专门的营销部门，向社会进行图书馆营销。

当然，这里需要特别提出来的是，图书馆营销和一般的市场营销之间的区别。图书馆，特别是公共图书馆，公益性是第一位的。所以，图书馆营销的目的不是盈利，而是更好地宣传推广图书馆的价值和服务，让更多的人来了解并使用图书馆，提高图书馆的社会效益。一直以来，因为各种误读，人们对于图书馆营销存在一定的争议。有的人认为，图书馆是公益性机构，担心营销思想的引入会消解图书馆的公益性，使图书馆事业的发展偏离正途。但是，我们要看到，这种担忧是完全可以避免的。如何避免图书馆营销变成图书馆营利，就需要我们端正目标，把图书馆的公益性时刻放在首位，把图书馆的社会效益作为标准。

实际上，不少公共图书馆都设有与营销相关的部门，具体负责图书馆的宣传和推广工作。但是专门设立独立营销部门的图书馆并不多见，大多数图书馆的营销工作分散在若干个部门，还没有实现整合。例如，浙江图书馆的办公室负有采集图书馆信息，向媒体及相关机构发布以及新闻媒体采访接待和安排工作，读者活动推广部负责全馆读者活动推广工作。杭州图书馆的对外信息发布工作由综合办公室负责，国际国内交流则由研究与交流部负责，各类培训、讲座、展览、演艺活动、读者活动等社会活动由社会活动部负责。将分散于各个部门的与营销有关的工作整合起来，集成到一个专门的营销部门，对图书馆的营销工作会起到更大的推动作用。

营销部门的职责包括市场调查工作、企划工作、营销计划的制定与实施、营销工作绩效评估、读者和用户管理、售后服务管理、营销队伍建设、品牌管理、广告宣传、公共关系等。上述职责可以概括为扩大图书馆的知名度，提高图书馆的声誉，为图书馆发展读者和用户，为图书馆的发展营造良好的社会环境和舆论环境，促进社会各界对图书馆的深入了解。图书馆的营销部门要善加利用电视、电台、报纸网站、手机、电子邮件、微博、微信等各种传统的和现代的营销载体，通过精心策划、巧妙借势，促进图书馆营销工作的深入开展。

（四）馆长的职能变迁

馆长对于图书馆发展所起的作用是非常关键的。馆长肩负着组织图书馆资源发展并带领图书馆向未来不断前进的重任。根据李金莲的调查研究，目前公共图书馆馆长的职业路径通常有业务型、管理型和专家型三种。其中管理型馆长的比例最大，业务型的馆长比例次之，专家型的馆长最低；副馆长中三种类型的排序与馆长中三种类型的排序一样，但是业务型副馆长的比例较高。

就目前乃至将来较长一段时期而言，公共图书馆管理型馆长仍然占到第一比例，但随着对公共图书馆专业化管理重要性认识的逐步加强，管理型馆长的比例会逐年有所下降，而业务型和专家型馆长会逐年有所增加。信息时代图书馆所面临的社会发展环境、信息环境、用户和读者情况都在发生着深刻的变化，因此，对图书馆馆长的要求更高、更全面了。具体来讲，信息时代图书馆馆长有如下几个方面的职能需要进一步加强。

1. **价值层面**

图书馆作为公共文化服务体系的重要组成部分，在公众构建精神家园的过程中起着积极的作用，特别是在现阶段承担着重要的历史使命。这就对馆长在价值层面提出了很高的要求。图书馆馆长一定要关注国家发展，关注社会发展，关注民众的精神文化需求，自觉领导图书馆承担起应有的文化职能。要了解和掌握技术层面的东西，但不应一味沉迷于技术层面，忽视或者忘记了图书馆在价值层面的引领作用。

2. **专业职能**

图书馆工作是一项专业性很强的工作，作为图书馆的馆长，无论其职业路径如何，都须在担任馆长期间不断加强自身的专业能力建设，对图书馆专业有比较全面的了解，使之与馆长这一岗位所需的专业知识和能力相匹配。专业职能为馆长行使战略职能、决策职能与营销职能提供专业保证，避免出现专业性错误。专业职能要求图书馆馆长具有比较广博的专业知识，图书馆学的基本理论、图书馆业务、数字图书馆、参考咨询、信息技术、传播学等凡是与图书馆工作相关的知识都应有所涉猎。对于图书馆领域新理论、新实践、新产品和新技术也要有所了解。

3. **战略职能**

战略规划对公共图书馆的发展具有十分重要的意义。有专家认为，“多年来，对图书馆馆长的要求从未升级到战略层面，而在21世纪，无论是社会环境和技术环境的变化对图书馆的挑战，还是图书馆事业发展到一定程度的客观要求，都迫切需要图书馆馆长具有战略思维。馆长的战略思维要具体化到战略规划中”。馆长需要领导图书馆审时度势，制定切实可行的战略规划，这对图书馆的持续发展至为重要。“不谋全局者，不足以谋一域；不谋万世者，不足以谋一时。”讲的就是战略规划的重要性。在一个生存发展环境急速变迁的时代，没有战略规划的组织是行而不远的。作为图书馆的馆长，一定要有敏锐的战略思维和强大的战略规划能力。

4. 决策职能

变化时期的决策职能至为重要。决策就是对具有重要影响的工作、计划、事件进行评估，决定是否开展工作以及如何开展工作的过程。图书馆在发展的关键结点、发展理念的升级、运营模式的改变、重大价值设备的引入、新馆建设等情况下都会面临着决策问题。这就要求馆长有较强的决策能力和决策水平，注意把握时机，避免决策失误。杭州图书馆在全国首先推出免证阅览制度，任何人进入杭州图书馆阅览书籍都不需要证件和费用，并且对 14 岁以下儿童、60 岁以上老人以及困难家庭进行免费服务，对困难家庭还免掉押金。当时能够做出免证阅览的决策，需要馆领导很大的勇气和很高的决策水平。实践证明，这一决策是正确的，也是及时的。2006 年，杭州图书馆牵头制定的《杭州地区公共图书馆服务公约》，把杭州地区的公共图书馆带入了免费服务的时代，此举向社会展示了一个全新的公共图书馆形象，引起了社会和公众的广泛关注，地方财政对图书馆的支持力度也加大了，图书馆步入了良性发展。

5. 营销职能

营销职能是信息时代图书馆馆长应该具备的最重要的职能之一。公共图书馆绩效如何，最终是由读者和用户来体验的。向读者和用户营销图书馆就成为图书馆运营的最为重要的环节，一个图书馆如果没有读者和用户来用，或者只有很少的读者和用户来用，这个图书馆无论资源多么丰富、馆舍多么舒适都是没有用的。因此，图书馆馆长一定要有鲜明的营销意识，一定要有将图书馆服务惠及每一位居民的目标，克服轻视图书馆营销工作的不良意识，只有这样才有可能将图书馆的服务尽可能惠及民众。馆长应该亲自领导制定图书馆的营销战略和营销计划，整合图书馆营销部门，充分利用各种营销载体，强化图书馆的营销能力，为图书馆的发展获取更多的资源，创造更好的发展环境，使图书馆尽可能为更多的读者和用户提供服务。

第三节　服务范式的变迁

与传统时代图书馆相比，信息时代图书馆的服务范式发生了很大的变化。这些变化具体体现在服务范围、服务对象、服务内容、服务方式、服务手段等方面。

（一）服务范围

传统时代图书馆，在一定的时间内，图书馆所服务的读者是有限的，因为图书馆的物理空间不能无限容纳读者到馆，图书馆的实体馆藏数量也不能无限满足读者借阅需求，图书馆员也不能超出一定数量限度向读者提供服务，而且馆员所提供的面对面服务基本上是一对一的、点对点的服务，所以，传统时代图书馆的服务是一种有限范围的服务。传统图书馆时代人们推出了流动图书馆、馆际互借、总分馆等创新服务方式，有效地拓展了图书馆的服务范围，尽管如此，受制于物理条件的制约，实体图书馆的服务范围仍然是有限的。

信息时代，图书馆不仅继续保有传统的服务范围，而且由于互联网技术和信息技术的进步，图书馆突破了物理条件的局限，无限拓展了图书馆的服务范围。与实体图书馆相比，数字图书馆可以容纳尽可能多的读者到“馆”享受服务；数字图书馆的数字馆藏突破了实体馆藏副本数量的局限，理论上可以满足无限多的读者借阅需求，而即时通信工具的出现可以使馆员在一个时段内同时面向多位读者提供在线服务，这是一对多的、点对面的服务。因此，信息时代图书馆的极大地拓展了图书馆的服务范围，主要表现在空间和时间两大方面。

1. 物理空间与虚拟空间的互补融合

从服务空间来看，传统时代的图书馆提供的服务是发生在实体图书馆的物理空间之内的，这是一种面对面的服务，读者要享受到图书馆提供的服务，需要亲自到图书馆，或者到一个图书馆指定的物理空间，只有这样才可以享受到图书馆提供的借阅、咨询、讲座、沙龙等服务，读者总要面对图书馆。离开了一定的物理空间，读者是享受不到图书馆提供的服务的。读者可能会把书借回家看，但借书这个过程同样要在一定物理空间发生，或者在图书馆开架借阅处，或者在 24 小时自助借阅机等，总是脱离不开图书馆的物理空间。信息时代的图书馆所提供的服务除了传统的面对面的服务之外，还多了一种屏对屏的服务，读者要享受到图书馆提供的服务，无须亲自到图书馆来，通过联网的计算机即可借阅、咨询，在屏幕上面对图书馆即可。这种服务空间的变化，大大缩短了读者获取图书馆服务的物理距离，具有非常大的意义。我们知道，公共图书馆有个服务半径的问题，超过一定的服务半径，读者利用公共图书馆的时间成本、经济成本就会大幅度攀升，正是由于这种利用成本的制约，严重局限了公共图书馆的利用。而信息时代的图书馆则可以有效克服这种利用成本的局限。

但这不是说，虚拟空间可以取代实体图书馆的物理空间，物理空间与虚拟空间各有优势，相互补充、相得益彰。人是群居性的社会性动物，需要交流，虽然通过网络、电话也可以进行交流，但这种交流无论如何也取代不了现实中的面对面的交流。在信息时代，图书馆作为交流空间的作用日益加强，而不是削弱了。

2. “7×24”全天候服务

从服务时间上来看，实体图书馆由于人员、环境的局限，服务时间亦有限制，一般从 8 个小时到十几个小时，很少有 24 小时开放的图书馆。

而数字图书馆则可以突破上述局限，提供 7×24 的不间断的全天候服务。

服务范围拓展具有重大而深刻的现实意义。公共图书馆承担着保障信息知识公平、消除信息知识鸿沟的社会责任，显然，物理条件制约下的公共图书馆服务范围的局限是实现这一社会责任固有的、较难克服的障碍之一，信息时代图书馆服务范围的拓展，则较好地克服了实体图书馆的物理局限，极大地促进了公共图书馆对保障信息知识公平、消除信息知识鸿沟的社会责任的担当。

（二）服务对象

公共图书馆自出现之日起就奠定了面向全体社会公众开放的特性，但是，普惠全社会目前还属于一个目标，在实际发展中，要达到这一点公共图书馆还任重道远，其实际服务对象只是全体社会成员中的一部分。值得欣慰的是，随着图书馆事业的发展，越来越多的人能够享受到图书馆的服务。在过去，传统图书馆的服务对象仅限于来馆的读者，而信息时代的图书馆，因为自动化、网络化、数字化建设的不断发展，人们不再受到时间、空间限制，只要具有利用社会公共信息网的基本条件，就可以随时随地享受到图书馆的服务，推动图书馆在普惠大众的道路上迈出了重要一步。

过去，图书馆是人们获取信息资源的主要途径，但随着科技的进步和社会的发展，人们获取信息的途径日益广泛，预期的图书馆读者被不断分流散失，人们已不再将图书馆视为获取信息资源的首选。尤其是互联网的普及应用，大大方便了人们的信息交流，丰富的网络信息资源，让读者逐渐习惯在网上查找所需资源，这直接影响了读者对图书馆的利用。图书馆的服务能力在提高，覆盖范围在扩大，但读者数量、利用率却并没有得到相应的正比增长，这已成为当前图书馆界一个亟待解决的重要问题。

图书馆服务对象的另一个变化是，读者的要求越来越高。互联网信息通讯科技的普及和生活水平的提高，使读者的文化需求更加多元、更加高要求。图书馆不仅仅是借书还书的地方，也可以是开展素质教育、进行文化娱乐的场所，而公共图书馆作为地方的文化资源中心，对于区域经济文化的发展也负有重要职责。因此，公共图书馆服务对象不仅包括各阶层、各年龄段的个人，也包括各政府部门、企事业单位等组织团体，这些服务对象对于图书馆服务的需求各有侧重，相对复杂，给图书馆未来的发展提出了各种可能。

（三）服务内容

从服务内容上来看，传统图书馆提供的服务大多数程度较浅，是基于“书皮”的服务，因为传统图书馆对于资源的描述和处理仅限于实体资源的表面属性，而对于资源的内容则缺乏处理的技术手段和途径，因此，图书馆提供的服务只能局限于实体资源的表层而无法深入到资源内部。

信息时代的图书馆由于技术的进步，对于资源的描述和处理已经进入内容层面，提供给读者的服务是基于内容检索、分析的结果，程度较深。读者可以利用数字图书馆提供的批注、点评、社区、微博、微信等交互功能，与馆员、其他读者之间形成互动交流，深度参与。不仅如此，由于对资源组织的颗粒度变小，对资源的检索效率大为提高，这将极大地提高图书馆的科研生产力水平，使图书馆有更多的力量和更大的能力为企业提供竞争情报分析、为政府提供产业研究等高品质的深度咨询服务。

（四）服务方式

从服务方式上来看，信息时代图书馆在坚持传统的常规服务的同时，更加注重特色服务的提供。有如下几种重要的服务方式：

①专题馆员集成服务。通过设立专题馆员，面向用户和读者提供专题集成服务，是信息时代图书馆的一种重要的服务手段。借助数字图书馆专题服务平台，专题馆员向用户和读者提供专题资源保障、专题跟踪、专题分析、专题咨询等综合服务。

②专题导航服务。通过专题导航，将有关专题的国内外动态、会议资料、专家学者、研究成果、相关机构、课件、视听资料、论文与基本典籍等文献组织起来通过专题导航平台展示给读者使用，这样可以使专题服务在面上展开，解决图书馆人员有限与读者需求之间的矛盾。

③特色库服务。根据读者或者用户的需求，开展特色库建设，利用特色库为某一读者群体开展针对性的服务。图书馆可以面向政府开展某一产业发展的特色库服务，通过搜集、整理和挖掘国内外关于该产业发展的产业政策、产业状况、产业竞争、产业发展趋势等文献，为政府决策和相关企业发展提供参考咨询，并根据特色库建设、服务的发展情况，开展更加深度的产业研究。

④嵌入式服务。图书馆利用技术手段将自己的数据库服务嵌入机构用户的网站,借此将自己的服务面向终端读者推送,扩大服务的覆盖范围，提高服务的效能。

和传统图书馆静态式服务相比，信息时代的图书馆服务方式更加活性化。传统的借阅、信息服务属于静态服务，图书馆提供资源和场所，读者进行借阅。在互联网时代，这种常规的静态服务，仍然是图书馆的一项基础业务工作，但绝不是图书馆工作的全部。与图书馆文化教育职能强化的趋势相应，图书馆提供的活性服务越来越丰富。所谓活性服务就是与静态服务相对的，由图书馆组织、读者参加的各种形式的文化教育活动。图书馆可以根据情况整合社会资源，为读者提供论坛、讲座、沙龙、展览等各种形式的活动，在与读者的互动中实现自己的价值。

另外，当前图书馆的服务越来越注重品牌化，这也是图书馆在服务方式上的一个重要变化。在一个产品与服务过剩的时代，尤其是在目前这样一个知识爆炸、信息泛滥的时代，图书馆必须树立品牌意识，着力打造和强化自己的服务品牌。品牌的重要性日益引起了图书馆的关注和重视，因为品牌承载着图书馆的办馆理念，图书馆在其办馆实践中所投入的巨大人力、物力、财力都可以内化和凝聚到品牌之上，优秀的品牌可以长驻于读者的内心，使图书馆的影响力持久传播下去。认识到品牌的重要性还不够，还要通过持续不断的工作来树立、宣传品牌，使读者认识和接受品牌，这是一个艰苦的过程，不是一蹴而就的。图书馆应该从顶层设计的角度来制订自己的品牌发展规划，并将这一规划与日常的工作、活动紧密结合起来，抓住重要契机，对品牌进行有效的传播。切记避免单纯为品牌而品牌，品牌一定要有具体的活动、服务作为支撑，没有具体的活动、服务作为支撑，品牌将是空心化的，没有太大的价值。

（五）服务手段

服务手段方面，不同于传统图书馆以手工、机械操作为主，信息时代图书馆服务已普遍应用各种基于网络的现代化技术手段，如虚拟参考咨询、一站式统一检索，以及多种即时通信工具的应用为图书馆提供了极好的互动服务工具，服务质量和效率大大提高，使得用户的服务体验大为改善。

图书馆服务与现代高新技术结合日益密切，大大推动了图书馆服务手段的发展。如在虚拟参考咨询方面，图书馆员可利用电子邮件、QQ 图书馆网站、微博、微信、图书馆 App 等为用户提供服务，帮助用户解决相关问题。这种虚拟参考咨询服务主要是基于现在已广泛普及应用的互联网提供的。图书馆提供的一站式统一检索服务突破了不同数据库之间的壁垒限制，主要对各数据库的元数据进行了有效整合，使用户可通过统一检索平台对图书馆所有馆藏资源进行查找，更方便用户在图书馆资源日益迅速增长的环境下更好地了解并利用图书馆馆藏资源。

此外，自助式服务也是信息时代环境下图书馆服务手段新发展的一个重要体现。无线射频技术（RFID）已在越来越多的图书馆得到应用，借助这一技术，用户可在图书馆完成自助借还书，简单实用，十分便捷。深圳市自助图书馆的探索实践已成为我国图书馆界服务手段创新发展的一个典范。深圳自助图书馆除了为用户提供自助借书还书、办证、咨询、检索、收取押金、查检各种数据库等服务外，用户还可通过自助图书馆的“预约服务”提出预借请求和按照预约通知取书，可以预借目录中的馆藏文献，并在规定时间内在深圳市任何一台读者指定的服务机中取书。

第四节　运营模式的变迁

信息时代图书馆发展环境的变化，对于图书馆的业务流程、业务形式和组成要素产生了深刻的影响，使图书馆在投入、转换和产出三个环节都发生了很大的变化，这些环节的变化就是运营模式的变化。

（一）运营模式的发展趋势

1. 合作共享

单个图书馆的力量有限，无论是从满足读者日益增长的知识和信息需求，还是从图书馆事业可持续发展的角度出发，图书馆的合作共享都是一个必然趋势。

巧妇难为无米之炊，文献信息资源就是图书馆的“米”。在信息时代，人类知识总量快速递增，各种文献信息资源的增长速度十分惊人，任何一个图书馆都无法实现文献信息资源的“全”收集，而读者需求广泛而多样化的发展也使得任何一个图书馆都无法仅利用本馆馆藏就实现读者需求的“全”满足。因此，单一图书馆独立建设馆藏的方式已经不适用于当前图书馆事业的发展，图书馆必须向合作共享之路发展，这是“图书馆为解决信息数量的急剧增长以及用户对信息资源的无限需求与图书馆对信息载体有限的收集和处理能力之间的矛盾，而做出的理性选择”。

近年来，我国图书馆界对图书馆合作共享展开了广泛探索和实践。除了各级各类的图书馆学会外，还有如“上海市文献资源共建共享协作网”这样的基于整个地区包括公共、科研、高校、情报四大系统的图书情报机构，在政府主管机构推动下形成的图书馆联盟，以及“北京市公共图书馆计算机信息服务网”采取统一的技术平台，连接市、区、县、乡镇、街道图书馆而形成的图书馆联盟。当前大部分图书馆联盟主要还是集中在资源共建共享的合作方面，不过也有图书馆联盟正在从图书馆管理、馆员培训、岗位轮换、读者工作、社区服务等整个图书事业的各个方面考虑合作共享的问题，如当前正备受重视的公共文化服务体系的建设中，各地各级公共图书馆正在不断加强各方面的合作共享。可以预见，图书馆合作共享即将进入一个全新的发展局面。

图书馆开展合作共享能够有效提高工作效率，节省人力物力，目标是让任何用户在任何时候、任何地点，都可以获得任何图书馆拥有的任何信息资源。图书馆的合作共享最初始于统一编目、馆际互借等馆际合作，随后其范围和深度逐步扩展延伸。我国地域辽阔，各图书馆以行政关系为基础分属不同系统的管理体制，给跨地区跨系统的图书馆合作共享带来了一定困难。但进入信息时代后，互联网等科技的发展应用打破了时间空间的界限，为图书馆的合作共享带来了新的形式和内容，极大地促进了图书馆合作共享的发展。基于网络环境下的信息资源管理与利用最大化地拓展了图书馆的合作共享，不仅是各系统、各地区、各国的图书馆更加积极地开展相关范围内的合作，全球性的图书馆联盟也在不断壮大，并突破图书馆行业界限，与社会其他机构组织开展形式多样的合作，越来越广泛而深入地展现着图书馆对社会发展的重要意义。

2. 总分馆制

图书馆总分馆制源于西方，至今已有超过百年的历史，是一种相当成熟的图书馆运营模式。

总分馆制的核心机制是统一采购、统一编目、统一配送、统一服务，这样可以有效实现普遍均等的图书馆服务，充分发挥公共图书馆服务社会公众的职能。总分馆制，从严格意义上讲，是指由同一个建设主体资助、同一个主管机构管理的图书馆群，其中一个图书馆作为总馆处于核心地位，其他图书馆作为分馆处于从属地位，分馆在行政上隶属于总馆，或与总馆一起隶属于同一个主管部门，在业务上接受总馆管理。

总分馆制作为图书馆的运营模式具有较大优越性，低投入，高效益，是图书馆今后发展的一大方向。

3. **法人治理**

法人治理在现代企业经营管理中得到普遍应用，这种管理模式将决策、监督职能从传统管理职能中分离出来，形成三权分立、互相制衡的结构。而这里指的是在公共图书馆建立法人治理结构。在公共图书馆建立法人治理结构，最为重要的是，在公共图书馆运行管理过程中，设置决策机构、执行机构、监督机构，三方相互分离、相互制衡，组成完整的组织管理架构。通常，决策机构由公共图书馆成立的理事会承担，理事会成员由政府相关部门、行业专家、社会人士、行政执行人等按比例组成，理事会负责制定公共图书馆的战略规划；执行机构即公共图书馆内负责日常运行与业务管理的团队，成员由一名行政负责人（由理事会任命，如馆长）和一批专业人员组成，执行层对理事会负责并接受理事会的监督；监督机构即监事会，成员由独立于执行层之外的人员组成，可对理事会和执行层的权力起到制衡作用。规模较小的图书馆可不单设监事会，而直接由理事会或理事会下设委员会进行监督。

建立法人治理结构的目的是实现政事分开、管办分离。政府将管理权下放，将决策权交给理事会，不再干预具体事务，政府的责任由现行的行政干预为主转变为以宏观协调和政策监督为主。公共图书馆作为独立“法人”实现独立运作，并独立承担民事责任。这给予了公共图书馆充分的自主权。而在图书馆内部，理事会作为决策层其职责主要集中在战略层面，而不涉及具体的日常工作，馆长领导的执行层负责具体执行理事会的决策，监事会负责监督理事会决策和执行层的权力行使是否合理合法。三者相互分离又统一，能够避免相关人员不作为或滥用职权的问题出现，有效确保公共图书馆事业良好有序地向前发展。

我国现行图书馆运营机制改革势在必行，虽然这条道路充满曲折，但在公共图书馆建立法人治理结构这一方向是正确的，也是符合当前图书馆发展趋势。我国近几年先后发布的一系列相关政策，都已提出在公共图书馆等公益性文化服务机构建立、健全、完善法人治理机构的相关要求，相信这将对图书馆建立法人治理结构带来极大助益。

（二）运营模式的发展特点

1. 效能第一

从历史上看，图书馆是人类保存文化、传承文明的重要文化机构之一，对于载有知识、文化的实体馆藏有着天然偏好与重视，因此，作为图书馆最为重要的知识资产的实体馆藏，一直是图书馆非常重要的资产，衡量或者评价一个图书馆的影响或者水平，人们一般会首先说这个图书馆的馆藏有多少册。传统图书馆时代，实体馆藏对于图书馆有着极为重要的意义。之所以如此，是因为出版技术和传播技术的局限，文献内容并不能与文献载体分离，图书馆保存知识，要为读者提供服务，必须首先保存载有内容的文献载体。图书馆的服务能力主要取决于其文献保障能力，而文献保障能力主要取决于馆藏量。显然，在这种情况下，馆藏的重要性是大于人的重要性的，馆藏是第一位的，只要有馆藏，就能为读者提供其所需的文献。馆藏起着决定性作用，只要有了充裕的馆藏，就有了一切。在这种情形下，传统时代的图书馆对于服务效能并不是很重视的，馆藏作为社会上为数不多的知识宝库之一，不需图书馆费多少事，自然会有读者主动前来寻宝的。所以，传统时代的图书馆无不将馆藏建设置于图书馆工作的重要地位。从而随着出版物的不断增长，图书馆的实体馆藏数量越来越多，图书馆的规模也越来越大，甚至于不堪馆藏重负。重资产、轻效能可以说是传统时代图书馆运营模式的一个显著特点。

但是，这一切在信息时代正在发生深刻的变化。信息技术的发展尤其是数字出版社与传播技术的发展使得传统出版物的形态发生了非常大的变化：其一，文献内容与文献的具体有形载体的分离。文献内容不受其具体有形载体的束缚，可以通过网络或者电磁波向电视机、台式计算机、笔记本电脑、平板电脑、手机、打印机等各种形式的终端设备传播。在这种情形下，图书馆采购数字出版物就无须像采购实体出版物那样将文献内容与文献载体同时采购回来，当然图书馆或者读者也须有一定数量的终端设备，但不同的数字出版物均可共享这些终端设备，不像实体出版物那样每本书必须独享其所在的文献载体。从而，数字出版物摆脱了载体对于传播的局限，这就形成了这样一种可能，图书馆不必订购“所有”数字出版物，只要“拥有”其使用权即可，这就是实践中的数字资源的租赁使用模式，显然，资产的重要性让位于效能了。其二，馆藏对于服务的重要性比传统图书馆时代减弱许多。传统图书馆时代，受制于文献载体对于传播的局限，图书馆提供阅览、外借等基本服务，必须拥有相当数量的实体馆藏，没有这些馆藏，图书馆的阅览、外借服务就无法开展。信息时代的出版和传播是多中心出版和多渠道传播，图书馆也不像传统时代那样成为无可替代的知识信息中心，这种情况下，图书馆服务效能的重要性日渐凸显，而资产的重要性日渐退居其次。

2. 职能外包

与轻资产、重效能的理念与运营模式相应，职能外包也是信息时代图书馆运营模式的一个重要特点。有专家认为，外包为图书馆业务工作的发展提供了新的平台和空间。实际上，“图书馆业务外包的目的有三个方面：一是能够降低图书馆的运营成本，二是能够提高图书馆的运营效益，三是还要考虑是否有益于图书馆的可持续发展。如果把这三个方面都考虑进去，图书馆在哪些环节和工作能够外包就比较好解决了”。

在传统图书馆时代，由于采访编目是图书馆的核心业务，对于采访编目的外包图书馆界争议较大，争议的焦点主要在于如果把自己的核心业务外包出去，图书馆以何存在？同时，还有人担心外包业务的质量得不到保证。经过几十年的实践，现在业界基本上就采访编目工作外包达成了共识，采访编目的外包不仅没有削弱图书馆的核心竞争力，而且为图书馆节约了成本、提高了效率，使图书馆可以面向高附加值的服务提供更多的人力资源支撑。随着办馆理念的发展，信息时代的图书馆外包方向从业务外包正在向职能外包发展，外包不仅仅是基于某项具体的业务展开，是基于某项职能展开，这使得图书馆在外包方面有了更大的发展空间。

物业职能外包。物业职能外包是图书馆外包工作中最为常见的，也是最易为人们接受的。凡清洁、安保、复印、咖啡厅、小卖部皆可外包，可以打包外包，也可以分别外包。

加工职能外包。传统图书馆时代的采访、编目、图书加工与上架、过刊装订等加工职能外包依然为大家所接受，信息时代图书馆对于数字资源的采集、标引、发布等加工业务的外包也将是一个发展趋势。

技术职能外包。为面向读者提供在线服务，绝大多数图书馆都设有技术部、机房，机房存放有图书馆购置的服务器、存储设备等，这些设备上装有图书馆的业务管理系统、图书馆的网站与图书馆所采购的数字资源及其平台。这些设备与平台的维护由图书馆的技术部负责。实际上，将这些设备和系统托管到专业的机房中，图书馆大可不必自己投资建立一个机房，节约了空间和能源；在云计算时代，图书馆甚至无须购买那么多的硬件设备，直接租用更加经济、更加高效率的；甚至某些数据和系统也可租用；而技术开发、维护等技术部的职能也可通过购买服务来完成。营销职能外包。如何面向读者和用户更加深刻地宣传图书馆，使更多的读者和用户来了解图书馆、使用图书馆，这属于图书馆营销。许多专业营销策划机构更加专业，图书馆可以通过外包，强化自己的营销职能，提高图书馆的运营效益，降低图书馆的运营成本。

服务职能外包。图书馆可以把图书流通、信息推送、读者调查等服务职能外包出去，借外力提升和强化自己的服务能力，使自己聚焦于最核心的业务。这也是信息时代图书馆发展的趋势之一。

3. 互联网运营模式在图书馆的运用

互联网发展对于传统产业领域和商业模式产生了深刻的颠覆性的影响。对于传统产业领域，任何产品都有一个最低限度的硬成本，无论是吃穿用度方面的物质产品，还是书报刊等以实物为载体的知识产品，都是如此。在一定情况下，传统产业产品的硬成本随着产品数量的增加而降低，但是当产品的硬成本低到最低限度时，无论如何增加产品的数量，产品的硬成本都不会低于这个限度，甚至还会随着产品数量的增长而增长。由此，决定了传统的商业模式，总的销售利润在一定情况下会随着销量的增长而增长，但是超过一定限度，产品的销售利润反而会随着销量的增长而降低。这就是所谓的边际利润递减的规律。因此，传统商业模式下，商家会把销量控制在边际利润最高点所对应的销量上。

互联网时代上述规则和模式被彻底颠覆了。首先我们来看互联网产品成本是如何变化的。互联网产品就是以互联网作为载体的产品，如数字图书、数字电影、数字音乐等。互联网产品最大的一个特点是没有副本限制，比如一本数字图书，一个人看可以，十个人看也可以，一百个人、一千个人、十万个人看都可以。一本数字图书一旦完成生产，其总的生产成本就固化了，不会随着看的人多了就增加，其单位成本反而会随着看的人的数量的增加而降低，直至趋向于零。这一点是数字图书与纸本图书最大的不同。这就决定了互联网商业模式的不同。互联网产品的销售利润不会随着产品销量的增加而降低。传统商业模式边际利润的拐点在互联网这里不复存在。由此，互联网时代出现了一种新的运营模式，通过免费服务吸引巨大的关注度，再利用这种巨大的关注度从广告中获得巨额收益。谷歌、百度均采用这种运营模式，获得了非常大的成功。

这种模式也为图书馆界借鉴。例如，美国国会图书馆曾推出美国记忆项目，用数字技术展现了美国 200 年来发生的重要事件，包括历史文本、照片、地图、视频、音频等各种格式的数字文件，美国记忆项目面向世界所有人开放。这种通过免费使用数字特色馆藏，来吸引大量的关注，扩大图书馆的影响，进而为图书馆争取更好的发展条件，不失为一种行之有效的方法。

第五节　建筑形态的变迁

过去十几年，随着我国公共图书馆事业迅速发展，公共图书馆新馆建设也掀起了高峰。与公益、人本、开放、平等、共享、普惠等公共图书馆发展理念相应，公共图书馆建筑形态正逐步朝着生态、开放、均衡的方向发展。

（一）生态

环保、绿色、低碳正成为时代的主流思潮，受其影响，生态图书馆的建设日益受到人们的关注。一方面，随着互联网、服务器、计算机、楼宇智能在图书馆的充分运用，图书馆对于电能的消耗将会极大地增加；另一方面，由于过去图书馆并没有真正引入成本效益核算机制，不少图书馆管理层对于能耗不是太敏感。随着能源危机的加剧，图书馆实施能源核算势在必行。正是由于上述两个方面，生态图书馆的建设已经日益为人们所重视。

生态图书馆的建设原则是，在保证健康、舒适的条件下，综合考虑生态、环境、能源、水资源的有效利用和保护。为保证图书馆内读者和工作人员的健康，要注意防止来自建筑材料、装饰材料、办公设备与家具可能带来或者产生的氡气、石棉、甲醛、臭氧、军团杆菌、电磁辐射、噪声等污染物对人体造成危害；要保持适宜的温度和湿度。舒适包括热舒适、视觉舒适、听觉舒适等，为保证热舒适，需要充分利用日照、自然通风，并与人工照明、人工通风、人工供暖技术与设备结合起来；为保证视觉舒适，尽量采用自然光，只有当日光不足时才采用电力照明加以弥补，采光设计要保证房间里基本上具有日光的特征；为保证听觉舒适，对建筑进行必要的隔声处理，减少各种噪声，将图书馆分为相应的声学分区，适应使用者不同类型的活动。改善图书馆的内部声学特征，减少图书馆自身产生的噪声；采取有效的手段和措施，善加利用阳光、自然风等自然条件，减少能耗；利用节能设施，提高能源使用效率；提高设备利用效率，减少电子垃圾，尽量减少激光打印机、复印机产生的臭氧量等。

（二）开放

公共图书馆开放的理念现在深入人心，反映在图书馆的建筑形态上，就是“无门”图书馆的出现。所谓“无门”并非真正的没有门，而是秉持开放理念，使得图书馆大门方便读者进出，给人以开放、亲切的感觉；开放的图书馆，只有一道门，就是图书馆的大门，读者进入图书馆大门之后，图书馆内部除了若干设备重地之外，都不应限制读者进入，馆员工作区内读者有事也是可以进入的；图书馆的一切设施设备，只要是规定面向读者开放的，都要向所有读者开放。平等是开放带来的必然结果，平等这一理念反映在建筑上，就是不必根据读者的身份设立特殊的阅览区或者工作室。

开放的理念反映在建筑上就是统一柱网、统一层高和统一荷载的“三统一”的模数设计模式的出现，目前绝大多数的新馆都是按照这样的模式设计建设的。模数式的设计思路，较好地体现了公共图书馆开放的理念，内部都是大开间，很少有区隔出来的封闭式的小房间，借阅合一，读者置身于这样的空间，可以自由，十分方便。

开放的图书馆建筑形态是与封闭的图书馆建筑形态相对的，所谓封闭指的是馆藏与读者分离，所谓开放指的是馆藏与读者合一。在封闭状态下，读者利用图书馆馆藏需要通过馆员作为中介；在开放状态下，读者利用图书馆馆藏不需要通过馆员作为中介。开放的办馆理念需要相应的建筑形态作为支撑，这就是模数式建筑形态。模数式建筑形态较好地满足了图书馆的开放需求，但是也存在着图书馆空间利用率不高的问题。因此，业内人士对于这种模数式的建设理念提出批评，认为这种建筑形态有弊端，一方面，阅览桌椅占据了大量的空间；另一方面，承重量达不到密集书库的要求，造成库容量大幅减少，从而造成空间资源、人力资源和其他资源的浪费。因此我们要认真反思模数式建设理念的优势与不足，辩证吸收封闭式建设理念的优点。

（三）均衡

最近十余年，公共图书馆单馆建筑体量越来越大，十万平方米量级的图书馆越来越多。从发展的眼光来看，十万平方米级公共图书馆的出现，是公共图书馆事业发展到现阶段的一个必然产物，体现了公共图书馆事业发展的水平，因而有其必然性和必要性。但是，我们不能仅仅看到这一点，只注重大体量的单馆建设，而忽视了公共图书馆系统的建设。

公共图书馆提供的是公共文化服务，而普惠，均衡是公共服务的基本要求。我们知道，实体图书馆的辐射半径是有一定局限的，超过一定距离限度，去一趟图书馆的时间成本、交通成本太高，读者就会选择不去图书馆了。如果一个行政辖区内的实体图书馆没有连成网，就很难实现公共图书馆的普惠和均衡服务。这就要求我们在进行图书馆建设时，要特别注意按照系统发展的原则，着眼于实体图书馆网络与系统发展的要求，做好规划，做好布局，使得实体图书馆形成合理的格局，实现均衡发展。

要实现公共图书馆的均衡发展，为居民提供普惠的公共文化服务，需要按照公共图书馆系统发展的思想进行顶层设计，使各级公共图书馆形成一个大中小合理布局的完整体系，使得居民可以用较少的时间、交通成本，享受到公共图书馆提供的服务。

第六节　功能定位的变迁

无论核心业务、组织形态、服务范式，还是运营模式、建筑形态，这几个都属于图书馆的表象，表象的发展变化显而易见，但我们还要认识到，图书馆内在的、本质上的转型趋势，即图书馆功能定位的发展变化，这对图书馆事业的发展来说，将起到更为核心的引领作用。

（一）作为信息资源中心，保存传播人类文化成果

保存人类文化遗产是现代图书馆的四大基本职能之一，这一职能也曾是古代图书馆最重要的使命。图书馆的出现就是为了满足人们保存文献的需求，发展到信息时代，图书馆馆藏的含义不断得到拓展，已经远远超出“图书”的范围，不仅包括各种图书文献、缩微胶卷、光盘、照片等实物资源，各种虚拟数字资源也成为馆藏的重要部分，此外还有其他前所未有的馆藏类型，如美国芝加哥公共图书馆将一款智能机器人纳入馆藏目录中，可供用户用来学习计算机编程。另一方面，随着馆藏的不断丰富，对馆藏资源的长期保存保护也日益成为图书馆领域的一个重要课题，其中，互联网灰色文献的保存保护又尤其受到关注。

保存是为了利用。现代图书馆将“藏”和“用”结合得更为紧密。文献借阅、文献传递服务等基础服务在信息时代也有新变化。

虽然目前纸质阅读依然占据主要地位，但人们对于电子书、数字图书馆的需求正在飞速提升，纸质书等实物馆藏资源必须通过物理的传播方式，而虚拟馆藏资源拥有更加多样的传递方式，电子书可通过租借电子书阅读器进行借阅，也可通过互联网直接下载。这些新的馆藏资源传播方式需要图书馆在服务功能方面进行拓展，延伸服务就是其中一个重要部分。图书馆是开放的、无障碍的，传统图书馆多集中在阵地服务上，信息时代的图书馆更需要走出去，让馆藏资源更快、更便捷地传递到每

一个用户手上。

信息时代，图书馆在保存传播人类文化成果方面的基本职能依然存在，这是图书馆的发展之本，是图书馆功能拓展的基础，如果忽视这一基本职能来谈图书馆的发展就是缘木求鱼。人类文化成果的形态类型多种多样，其保存和传播也不可一概而论，正如实物馆藏不可能永远是唯一的馆藏，虚拟馆藏也不能完全取代实物馆藏的价值，二者相互对立又可高度统一，从这点来说，实体图书馆将永远存在，这也是图书馆作为物理场所的价值之一。

（二）作为社会教育中心，提高公众信息素养

从近代公共图书馆正式出现开始，社会教育就是图书馆特别重视的一大职能，公共图书馆被称为“人民的大学”。发展至今，图书馆是社会教育的重要组成部分，这一观点已深入人心。进入信息时代，公共图书馆的社会教育职能既迎来了更好的发展，又面临了新的挑战。一方面，网络信息技术的应用给图书馆带来了新的教育内容和教育形式，如远程教育、慕课等，使公共图书馆真正成为“智能教育”“终身教育”的重要课堂；另一方面，在学校教育、家庭教育之外，其他各种教育渠道也越来越多，此前图书馆在社会教育中的传统优势被削弱，图书馆的用户被分流减少。因此，公共图书馆在社会教育职能方面需要新的转型发展。

中国图书馆学会颁布的《图书馆服务宣言》强调，“图书馆是一个开放的知识与信息中心”“图书馆努力促进全民阅读。图书馆为公民终身学习提供保障，促进学习型社会的建设”。图书馆是无边界的社会教育中心，是实行终身教育的理想场所，为大众提供社会教育是公共图书馆的重要使命。公共图书馆可为公众提供最完备的学习条件，如资源、场地、设备等。公共图书馆的免费、开放原则能最大限度地帮助读者进行自主性学习。

在信息时代的图书馆社会教育中，信息素养是一个重要关键词。美

国图书馆协会曾对信息素养进行了简要概括，一个拥有信息素养的人能够确定何时需要信息，并且能够有效地查寻、评价和使用所需要的信息。图书馆尤其是公共图书馆对此负有不可推卸的重要责任。当前，公共图书馆已普遍认可基础服务免费的原则，并且越来越多的公共图书馆认识到了信息素养教育职责的重要性，为用户开设免费计算机技能培训班，免费提供上网条件，举办各种免费讲座，等等。而随着公共图书馆的发展，其作为社会教育中心的功能势必将发挥更大的作用。

（三）作为知识服务中心，注重智力资源的开发利用

信息时代，知识是第一生产力。在这一大环境下，图书馆作为知识服务中心，提供深度情报服务，开发智力资源，这一服务职能更加凸显出来，在图书馆工作中变得越来越重要。

智力资源包括文献信息资源和人力资源。图书馆对智力资源的开发显然也包括这两个方面。图书馆对文献信息资源的开发即对文献信息资源进行二次、再次挖掘、整合，从书皮深入到书中的内容信息，将图书馆馆藏资源中的情报、信息充分揭示出来；而在人力资源开发方面，则是对人的潜能开发，包括对馆员的潜能开发以及对用户的潜能开发，人才队伍建设是提升组织机构核心竞争力的关键。这两方面的职能都对图书馆员的专业素养和相关技能水平提出了更高要求。只有高水平的馆员才能承担起对文献资源深度开发的工作，馆员工作能力的提升也是人力资源开发的一个重要内容。也就是说，图书馆员职业素养在信息时代图书馆中正变得日益重要，图书馆员要不断提升自身工作能力。

为当地社会发展提供智力支持，是公共图书馆的基本职责。公共图书馆在区域经济文化发展中的作用日益重要，从传统简单的科技情报传递服务走向更高深的知识服务，是信息时代公共图书馆职能拓展的一个重要表现。图书馆可利用本身的知识资源优势，为政府、企业等相关利益者提供从基本的信息检索到定制课题信息跟踪、参考咨询、信息翻译，

以及更具智力因素的深度加工的情报资源和研究成果，帮助决策。这对于当地政府、企业等组织机构和个人，或者图书馆本身来说，无疑是一个事半功倍的双赢成果。

（四）作为文化交流场所，满足公众多元文化需求

公共图书馆作为公共文化服务机构，引领公共文化良性发展，满足公众多元文化需求的功能变得越来越重要。传统图书馆往往局限于简单的文献借阅等基础服务层面，而随着社会的发展，人们需求的丰富，图书馆逐渐强调文化交流场所的功能。图书馆不仅有馆藏资源，还有空间场所；图书馆和用户之间不只是单向的文化知识传播，还可以进行双向的文化交流互动。

图书馆是人的图书馆，人才是图书馆的第一要素。改变过去图书馆作为书的空间的看法，确立起图书馆成为人的空间的理念，更为本质地揭示了图书馆的特性。这也是图书馆“以人为本”服务理念在新时期的进一步拓展深化。这几年来，图书馆领域“打造市民第二起居室”“图书馆作为城市第三空间”的呼声越来越多，图书馆对于场所价值的重视在这上面表现得十分明显。而借着近年来图书馆建筑建设和改造的潮流，众多图书馆将物理空间重新做功能规划，引入先进的数字技术和多媒体设备，使物理空间与虚拟空间融合在一起，让人们在这里不仅能便捷地获得所需资料信息，还可以参与各种展览、演出、讲座等文化活动，又能和其他人进行交流互动，提升了广大用户的图书馆体验，满足了他们在文化休闲娱乐方面的需求，让图书馆成为众人的精神家园。

第三章　公共图书馆社区服务的完善

第一节　公共图书馆社区服务类型

一、基于服务对象的服务

（一）面向未成年人的服务

未成年人服务是社区图书馆服务的重要内容之一，也是图书馆社会教育职能的一种体现。

1. 婴幼儿服务

世界各国图书馆都非常重视婴幼儿服务，如美国早期阅读计划（Born to Read，出生即阅读）项目，为新生婴儿提供免费阅读大礼包，内装图书、婴幼儿早教信息、新生儿读者证、玩具、儿童用品等；为新生婴儿的家长提供免费的培训，宣传婴幼儿早期阅读的重要性，指导父母开展亲子阅读、培养婴幼儿阅读兴趣并形成习惯，同时为家长普及婴幼儿健康、营养、教育及身体发育知识，教会家长使用图书馆资源等。英国的“阅读起跑线”（Book start）计划，分别为0至12月、1岁半至2岁半以及3至4岁的孩子设计免费的阅读礼包，指导孩子和家长体验阅读乐趣，养成阅读习惯。

由于服务对象的特殊性，婴幼儿服务在人力的投入上往往要大于成年读者，对人员的专业程度要求较高；同时图书馆需要开辟专门的服务场地和空间、购买适龄的馆藏以及组织活动所需的爬行垫、摇铃等玩具和免洗洗手液等卫生用品和用具。目前，我国在一些大城市的公共图书馆开展有婴幼儿服务，如苏州图书馆开展的“悦读宝贝计划”，而社区图书馆囿于多种条件限制，还未见开展此类活动的报道，但开展婴幼儿服务，必将是未来社区图书馆服务的重要发展方向之一。

2. 为学龄前期儿童提供的服务

由于学龄前期的孩子已经具备一定的自理能力，相较于婴幼儿服务来说较易开展，公共图书馆开展的针对这一时期儿童的服务可谓五花八门，但归纳起来主要有以下几种：

一是阅读指导服务，即将图书馆的优质资源推荐给儿童，指导儿童阅读适合其身心发育的优质图书。这一类服务主要包括开展故事会、朗诵活动、好书荐读、家长讲座、读书会等。

二是益智教育类活动，如手工制作、绘画、歌舞、游戏等课程或活动，旨在提高儿童多方面的能力，这些活动不仅对儿童空间想象能力、逻辑思维、科学创造力的培养和提高有很大帮助，还能有效地提高儿童的活动表现力，为他们提供社交平台及场所。我国广州图书馆为 2 至 8 岁的儿童及其家长提供玩具服务。

三是亲子活动，目的是家长和儿童共同参与一系列活动，一同分享，互为聆听、讨论和合作的对象，增进父母与子女之间的情感交流，提高家长和儿童参与图书馆活动的积极性，激发他们的阅读兴趣。只要是家长和儿童共同参加的、具有一定主题的活动都可称之为亲子活动。如亲子摄影、亲子手工、亲子电影专场、亲子茶艺等。

3. 为中小学生提供的服务

与学龄前期儿童相比，中小学生已从以游戏为主导活动的“幼儿”成为以学习为主导活动的“学生”，开始接受正规教育。针对中小学生的图书馆服务首先要考虑他们的身心发展特点，其次是注意与学校的合作。目前常见的为中小学生提供的图书馆服务有：

一是阅读推广和指导服务，最常见的有主题阅读和经典阅读活动。在主题阅读方面，上海航头镇图书馆为此设立“傅雷书架”开展主题阅读，周浦镇图书馆开展了一系列“傅雷”专题活动，如“读傅雷家书，做青春少年”读书交流活动，“好家风、好家训、好家规”故事演讲赛，与傅雷研究中心合作创作的《傅雷家书》经典故事话剧，在全区中小学校巡演。在经典阅读方面，很多公共图书馆已形成少儿国学经典阅读的品牌活动，如广州图书馆的“少儿读经班”、天津图书馆的“国学冬令营”、深圳图书馆的“亲子国学阅读”、上海图书馆的“国学阅读夏令营”等。其他活动形式还有很多，如南京图书馆暑期为中小学生推出名著导读活动，由专业教师介绍名著作者生平事迹，讲述写作手法，提高学生阅读能力；杭州图书馆暑期开展“我的图书我来管”活动，招募小学生担任导读员；金陵图书馆以“朗读者”活动为平台，开展“朗读者”暑期故事会；衡水市图书馆在全市各级公共图书馆的少年儿童读者及在校中小学生范围内开展以“阅读红色经典，传承红色精神”为主题的燕赵少年读书系列活动；厦门市思明图书馆举办青少年名著阅读会；等等。

二是素质提升活动，此类活动包括但不限于科学、环保、法制、安全的教育和兴趣培养等。例如，上海市徐汇区各社区图书馆为中小学生提供的素质提升活动有：“感受科普魅力，体验科技奥秘”“青少年爱绿行动系列活动之爱绿环保宣传画”“漕河泾街道图书馆寒假禁毒法治安全教育讲座”“虹梅街道图书馆暑期交通安全讲座”“徐家汇街道图书馆社交礼仪讲座”“我爱动脑筋——虹梅街道图书馆棋类兴趣班活动”等。厦门市思明区图书馆开展机器人夏令营、暑期中小学生象棋夏令营、暑期中小学生书法提高夏令营、创客动物夏令营等活动。此外，一些图书馆与当地中小学建立联系，成为提高学生综合素养的社会实践基地。例如，济南市图书馆与济南市中区教育局签约共建“市中区中小学生社会实践基地”，为学生搭建参与社会实践、培育核心素养的平台。

三是课后托管与作业辅导。例如，在美国，休斯敦公共图书馆开辟社区放学空间，每周为儿童提供游戏、科学、技术、工程与数学活动、作业辅导、计算机操作、手工制作等服务项目；该馆还与休斯敦社区发展局合作，请专业教师帮助高中毕业生完成大学及职业规划课程。纽约公共图书馆在其分馆中推出了一系列免费课后项目，为学生提供诸如一对一辅导、技术项目、素养训练及带薪实习机会。

4. 为特殊儿童群体提供的服务

对于公共图书馆来说，特殊儿童指的是那些不能正常享有阅读资源，或者需要在帮助下才能在图书馆获得资源的儿童，如残障儿童、留守儿童、流浪儿童、农民工子女、孤儿、边缘少年群体等。

近几年来，我国公共图书馆尝试为特殊儿童群体提供服务，多数图书馆利用特殊节日或以主题活动的形式开展服务，但普遍活动周期短，次数少，缺乏持续性；少数图书馆形成了自身独特的服务模式，能够长期、持续地开展下去。总体看来，我国公共图书馆特殊儿童群体服务在设施设备、馆外合作、相关馆藏、服务宣传、馆员素质等几个方面亟待加强建设和提高。例如，江西省会昌县图书馆专门针对“留守儿童”推出以家庭为单元，以家长为辅助，以班级为枢纽，将阅读辅导服务推送到留守儿童家中的“家庭导读服务模式”，通过走访、问卷调查、电话咨询、预约面谈等方式，深入了解“留守儿童”的认知能力、阅读水平、阅读需求，有针对性地设置家庭导读方案。菏泽市图书馆在全国助残日期间，邀请菏泽市特教中心有视听障碍的学生走进图书馆观看无障碍电影，阅读馆藏盲文图书和期刊，体验智能盲用电脑、盲人学习机、盲文书籍、电子助视器等，为残疾儿童提供精彩的文化视听体验。洛阳市图书馆则是在国际残疾人日，为智障儿童送去玩具、护耳等慰问品和图书资料。杭州少年儿童图书馆组织“让世界充满爱——流浪儿童关爱活动”，在市内“流浪未成年人管理保护中心救助中心”设立“馆外流通点”，定期为流浪儿童挑选各类优秀读物，为流浪儿童举办迎新春晚会，请青少年心理咨询师为流浪儿童上心理疏导课。

（二）面向老年人的服务

老龄化问题已经成为困扰人类社会发展的全球性问题之一，为老年人提供改善其健康、文化生活和生活环境等服务，也成为世界各国关注的社会问题之一。

美国公共图书馆对老年人的服务关注始于20世纪60年代。1964年，美国制定了《公共图书馆对老年人的责任》，提出对于随着老年人年龄增大而引起的社会、经济、生理等诸多问题，所有的图书馆，尤其是公共图书馆应该负起责任。很多公共图书馆通过与老年社区合作开展服务。例如，旧金山公共图书馆于2006年与当地老年公寓合作，其使命湾分馆为老年人提供母语非英语人士的学习俱乐部、低强度的尊巴（一种健身活动）课程、基础的网络安全和隐私培训活动、遗嘱和遗产规划交流活动等。图书馆还为老年读者提供放大镜、专门的辅助电脑等设备。位于俄勒冈州的农业城镇科尼利厄斯，建设了名为“科尼利厄斯之宫”的老年社区，建筑共三层，有45间老年公寓，建筑内部专门为图书馆预留了空间，以方便为老年人服务。

在我国，根据全国老龄办发布的数据，预计到2050年前后，我国老年人口数将达到峰值4.87亿人，占总人口的34.9%。老年人退休后，生活重心转移到家庭，在某种程度上会产生失落、孤独、寂寞、自卑的情绪，社区图书馆则是联系老年人和社会的重要支点。老年读者是图书馆不可忽视的一支读者队伍，丰富老年人的文化生活，是图书馆社区服务工作的重点之一。目前，我国公共图书馆为老年人提供的服务主要有阅读便利、知识科普、健康资讯、文化娱乐、人文关怀五类。

1. 阅读便利服务

阅读便利服务主要是针对老年人的特点，为他们阅读图书提供便利条件。例如，老年读者随着年龄增长，会变得行动迟缓，腿脚不灵便，将老年人经常去的报刊阅览室尽量设置在较低的楼层，并设有明显标识；在阅览室设置老年读者阅读专座，在人流量高峰期，优先供老年读者使用；在阅览室放置放大镜、老花镜、笔、纸等，提供给有需要的老年读者；对于行动不便的老年读者，开展上门送书服务等。例如，河南新乡市图书馆在颐和源老年公寓建立老年读者服务站，将报刊送到老人手中。

2. 知识科普服务

知识科普服务旨在帮助老年人学习新技能以及维护自身权益，如普法、旅游常识、安全知识、数字素养讲座或培训等。佛山市图书馆推出了“耆英畅游数字乐园”数字资源体验活动，是专为业余时间较充裕，对数字化产品有了解和体验需求的老年人举办的数字阅读活动；同时与当地社区机构合作，将图书馆资源和服务带进社区，使活动更大限度地方便老年读者参与。绍兴市柯桥区图书馆采取“三单制”培训模式开展“文化养老工程进社区”活动，在充分调研的基础上，了解受老年人欢迎的课程，开出订单，由图书馆根据订单精心配出菜单，再根据菜单到社区开展免费培训。重庆市渝北区图书馆常年在渝北区各社区开展“常青e路·幸福夕阳”老年人数字阅读系列培训，内容包括移动终端智能手机应用培训、预防电信（网络）诈骗培训等。

3. 健康资讯服务

健康养生讲座和资讯服务是我国公共图书馆普遍开展的老年服务。例如，上海市徐汇区图书馆开设周日老年健康知识讲座，首都图书馆举办“我谈老年人的体育生活”系列讲座，科尔沁区图书馆利用全国文化共享工程资源为多年来支持图书馆工作的老年读者举办“健康知识”讲座，这些活动深受老年读者的欢迎。

4. 文化娱乐服务

知识科普类和健康资讯类的活动形式以讲座为主，休闲娱乐类的活动形式则更为灵活多样，如读书看报、观影看剧、组织老年社团活动，以及开展有关老年人健康类的调查报告会、饮食讲座以及社区有奖知识竞赛等。例如，辽宁朝阳市图书馆成立朝阳老年读者之友会，开展“朝阳四大文化”“快乐读书”“健脑强身”“文化养老”等主题交流研讨活动，并与“朝阳市老年文化促进会”“朝阳市老年书画研究会”“朝阳市金秋文学社”等社会团体密切合作，联合举办丰富多彩的文化活动，如“老年文化专题论坛”“老年读书有奖答题”“老年书画创作展”“老年维权知识讲座”“老年读者迎新春联欢会”等，极大地丰富了老年人的精神文化生活。丹东市图书馆与丹东市老干部局、老干部书画协会等部门联合举办针对老年读者的多种活动，如“鸭绿江的红色记忆”“九九重阳久久情”“上元佳节团圆情”等系列读书征文活动，吸引了众多老年人参加；与丹东市老干部摄影协会联合举办“感知文化爱我丹东”摄影大赛等，得到了广大老年读者的热烈响应。厦门市图书馆从 2012 年以来，为丰富老年人的精神文化生活，策划了一系列活动，选取适合老年人观看的电影题材，年均举办 50 场免费电影展播活动，观影人数达 7000 多人次；年均举办各种书画摄影、历史史料等专题展览和作品鉴赏会 10 场次，吸引了超过 1 万余人次的老年人到馆参观、研讨和交流，满足了老年读者琴棋书画、读史写史等多方面的兴趣爱好。

5. **人文关怀服务**

人文关怀服务则充分考虑老年人心理特点，并在细微之处满足老年人的生理和精神情感需求。老年人生活活动范围小、人际交往相对闭塞，常常感到孤独与空虚，图书馆须关注老年人心理健康，及时提供国内外重大事件新闻报道，使老年人不因行动不便、生活闭塞而与社会脱节。图书馆为老年读者提供大字图书，购买有声读物、大触屏电子阅读机，订购老年人喜欢阅读的书刊，提供眼镜、轮椅等服务。人文关怀还体现在使老年人“老有所乐”。例如，厦门市图书馆组建“图书馆服务宣讲团”志愿者队伍，走进福利院、爱心护理院和敬老院，陪老人聊天，消除他们的孤独与寂寞，并把图书馆最新的服务和基本知识带给他们。

（三）面向其他弱势群体的服务

弱势群体通常是指由于某些障碍或缺乏经济、政治和社会机会而在社会上处于不利地位的人。弱势群体通常包括两类群体，一是生理性弱势群体，即有着明显的生理弱势的群体，如未成年人、老人、残疾人等；二是社会性弱势群体，即因社会地位过低、个人收入过少等原因造成的弱势群体，如农民工、拾荒者、失业人员、无家可归者等。《公共图书馆法》第三十四条规定："政府设立的公共图书馆应当考虑老年人、残疾人等群体的特点，积极创造条件，提供适合其需要的文献信息、无障碍设施设备和服务等。"《公共图书馆服务规范》中规定："公共图书馆服务对象包括所有公众。应当注重培养少年儿童的阅读习惯，并努力满足残疾人、老年人、进城务工者、农村和偏远地区公众等的特殊需求。"老年人和未成年人服务前文已有涉及，这里就不再赘述，本而是重点关注为残障人士、农民工及其子女、求职者提供的服务。

1. 为残障人士提供的服务

针对残障人士，社区图书馆可在馆内设立无障碍通道，加强为各类弱势群体服务的环境建设。例如，允许视障人士携同导盲犬自由进入图书馆，提供盲文显示器、放大镜、语音合成软件、盲文记录机、盲人阅读器、大字符键盘、盲文打印机、大幅面打印机、录制书籍、读取器等设备；为听力受损的读者提供听力辅助设备、手语翻译等服务。对于因身体残障不能去图书馆的人提供上门服务、电话咨询或流动图书馆服务。

除了无障碍设施和阅读辅助设备外，我国很多图书馆均开展了专门针对残障人士的活动。例如，苏州图书馆依托盲人阅览室开展了针对盲人读者的丰富多彩的服务项目，并吸引了社会上众多热心志愿者的参与，形成了拥有七大主题的"我是你的眼"残障主题活动体系，包括盲人读书会、盲人爱心电影、苏州大讲坛——阳光讲坛、"一帮一手牵手"、"走出户外触摸世界"、视障读者系列培训、"真人图书馆"等。

2. 为农民工及其子女提供的服务

帮助农民工尽快融入城市文化生活，满足他们多样化、个性化的需求已成为城市文化建设的重要任务，也是公共图书馆义不容辞的社会责任。目前，我国公共图书馆开展的农民工服务主要有节假日慰问、为农民工送书报刊、在农民工聚集区建立流动书屋和图书馆分馆、举办实用技能培训和讲座、帮助农民工网络购票以及开展其他文化活动等。

例如，重庆渝中区图书馆在渝中区南纪门劳务市场内，为农民工量身打造了农民工图书馆，设有阅览室、多功能活动室、电影放映室、培训室等，在每年春秋两季招工高峰期，对农民工开展计算机基础培训、就业技能培训等免费培训，同时利用图书馆的网络资源，在电子阅览室为农民工准备网上求职用工的各种链接，指导农民工网上注册、浏览用工需求、发布求职信息等。类似的农民工图书馆还有天津河北区仁恒滨河水岸住宅建筑工地建立的天津首家建筑业农民工图书馆、安徽省郎溪县农民工图书馆、兰州市七里河区西园街道西津东路社区的农民工流动图书馆等。此外，一些图书馆把图书直接送到工地，如成都成华区图书馆把生活、科普、健康、军事等内容丰富的书刊送到建筑工地，并在活动现场发放《图书馆服务指南》，指导农民工使用图书馆资源；宿松县图书馆将流动图书车开到经济开发区岳塑汽车有限公司开展“情暖农民工送书进企业”活动；郑州市中原区图书馆为西三环建设路后牛庄拆迁房安置小区的农民工开展以“情系金秋——关爱农民工”为主题的杂志捐赠活动，并赠送图书馆宣传手册、布袋子以表达对农民工的敬意和慰问。

在为外来务工人员子女服务方面，常见的服务活动为图书馆与农民工子弟学校、幼儿园等建立合作关系，开展读书活动，赠送图书、文具等。上海市青浦区图书馆在青浦区隐贤民办小学举办“赠一本书、献一份爱”——农民工服务日赠书活动，在活动中与青浦隐贤民办小学签署了《青浦区图书馆馆外服务点协议》，以便提供更多的资源供师生使用。浙江龙泉市图书馆打造的小候鸟学堂服务品牌，主要是针对农民工子弟开展各类活动，为其提供均等的阅读服务，组织开展丰富多彩的读书活动，每季或每月举行相应的阅读推荐、阅读体验活动，举办“小候鸟阅读日”等各种形式的读书日活动。与幼儿园、学校联合举办未成年人读书节活动，定期进行送书、送展览、送电影进校园活动，激发农民工子弟的阅读兴趣，丰富他们的文化生活。

3. **为求职者提供的就业服务**

公共图书馆为求职者提供的服务主要包括就业信息咨询、职业教育或职业技能培训。信息咨询服务是指图书馆组织专业馆员，利用馆藏和网络信息，搜集、整理就业专题信息资源，免费提供给求职人员；职业技能培训旨在提高求职者的职业技能，增加就业率。

我国一些公共图书馆开展了相关服务。如金陵图书馆在电子阅览室长期设立“职业技能培训专区”，免费为进城务工人员提供驾驶技术、建筑施工、家政服务、物业管理等职业技能培训视频专题课程的点播服务，并安排专门的工作人员对其进行辅导；提供专题信息资源导航和代检索服务，及时采集就业形势、法规政策等方面的信息资源，答复相关信息咨询，在求职人员职业生涯规划和就业创业方面给予帮助和指导。此外，金陵图书馆与南京市总工会签署《“职工书屋”共建协议》，为全市符合条件的基层单位以及大型企业建立图书分馆或流通服务点，提供丰富、专业的文献资料，促进员工深入学习和提高职业水平，不定期在职工书屋开展职业培训和讲座，加快员工职业素养、职业精神的全面发展。就目前我国社区图书馆的情况而言，多数缺乏独立开展就业服务的资源和人力，初期可与相关组织机构合作或利用中心馆和总馆的资源，为城市失业或赋闲人员、外来务工人员等提供基础性的就业服务，如信息咨询服务等。

二、基于文献类型的服务

（一）借阅服务

1. 阅读资源

社区图书馆由于经费有限，其文献数量与种类很难与大型图书馆相比，藏书建设应以满足社区读者需求为宗旨，在内容方面把握如下原则：

（1）实用性

社区图书馆主要为本区居民服务，馆藏建设应针对本区居民生活、工作、学习、娱乐等较为普遍的需求，代表本区域居民的文化生活水平，才能保证藏书适合大多数读者阅读，有较高的利用率。

（2）综合性

社区图书馆要面对不同社会阶层、不同年龄的读者，其需求具有多层次、多样化的特点，如科学普及、自修学习、家庭教育、求职、文化消遣等。馆藏建设应顾及读者多层面、多方位和多角度的需求，体现其综合性。

（3）特色性

社区图书馆馆藏突出所在区域的历史文化特色或者本区域读者的特殊需求，有助于推动具有地域特色的图书馆服务，进一步拉近与读者的距离。这包括两个方面，一是以本地传统文化为基础的特色馆藏建设，如北京东城区第二图书馆建设的“老北京”特色库，涵盖老北京小吃、方言、胡同、建筑、文学、艺术等多方面的内容；二是为满足本区域经济建设或文化发展的特殊需求而建设的特色资源，如深圳盐田区图书馆紧紧抓住滨海城区的海洋特色，重点收藏各类海洋文献资源，并通过各种不同的方式征集、搜集、整理地域性的海洋历史文献。

（4）注重数字资源的建设

随着网络、手机、平板等各种智能终端的飞速发展，数字阅读日益成为读者尤其是年轻读者参与阅读的重要方式。有条件的社区图书馆要加强数字资源的建设；暂时没有条件进行数字资源建设的社区图书馆，可通过向读者推荐总馆或中心馆的数字资源进行弥补。

2. **导读服务**

导读，即引导、指导读者正确利用馆藏资料，增加资源利用率，养成良好的阅读习惯。主要有以下几种服务形式。

（1）定期举办小型的主题书展或新书推荐活动

围绕社区居民感兴趣的主题进行馆藏书刊的宣传，向读者推荐相关主题的新书和经典图书。例如，天津和平区图书馆举办“舌尖上的食品安全”主题书展，设立专架，精选食品安全相关图书，向广大读者群众普及食品安全相关知识。一些图书馆利用传统节日举办主题书展，如在端午佳节之际，隆昌市图书馆在综合阅览室展示一批与端午节相关的书籍，让市民在阅读中了解端午节更多的文化内涵。天津河西区图书馆围绕每年的实事热点、民俗节日以及读者需求，每月推出一次主题鲜明、积极向上、具有特色的主题书展。重庆沙坪坝区图书馆为迎接党的十九大胜利召开，精心策划了“不忘初心，继续前进”主题图书展等。

（2）编纂导读刊物或书目

社区图书馆人力资源有限，自行撰写书评编辑刊物可能会力不从心，可以定期精选一些已公开发表的书评或图书介绍，制成小册子向读者发放；也可以将近期新书书目分门别类地列出来张贴在阅览室或向读者发放；还可以在微博、微信平台上定期推荐新书和优秀图书导读书目。图书导读书目可以按读者年龄、职业等进行分别推荐，如中学生阅读书目、老年人阅读书目等。

3. **阅读推广活动**

阅读推广活动旨在提升读者的阅读兴趣，加大阅读的影响力度，使人们更有意愿、更有条件地参与阅读，现已成为各类图书馆的常规活动，如国内围绕“世界读书日”“图书馆宣传服务周”开展的各项活动，国际上近年来流行的“一本书，一个社区”阅读推广活动等。社区图书馆的阅读推广活动可以从以下几个方面开展。

（1）培育和鼓励家庭阅读

家庭阅读是推进国民阅读的重要力量，强调家庭环境对个人阅读的影响。社区图书馆通过组织以家庭为单位的读书活动，达到阅读推广的目的。例如，宁夏阅海万家社区图书馆与英迪贝尔教育咨询有限公司携手，每周定期举办“大风车公益亲子互动活动讲堂”，通过游戏活动在家长和孩子之间架起桥梁；“NYC 父母讲堂”不定期开讲，主要针对中小学生及其家长，邀请儿童心理学专家，通过“捕捉儿童敏感期”案例，帮助父母、家庭成员了解孩子，科学正确地面对孩子、面对家庭教育，建立学习型家庭。

（2）与学校合作提升学生的阅读能力

社区图书馆与学校通力合作，根据学生兴趣广泛、求知欲强的特点，制订阅读推广计划。社区图书馆提供场地和书刊，编辑阅读书目，组织读书活动；学校派专业教师给予指导，使学生掌握科学的读书方法。

（3）组织面向社区成年人的读书活动

组织面向社区成年人的读书活动，可以促进阅读推广活动的开展，具体活动包括：阅读讨论活动，图书馆做好充分的活动准备，搜集所讨论图书的作者情况、创作背景、作者观点、待讨论的问题等信息，组织本书的读者参与讨论；读书征文活动，拟定征文主题，针对学生、农民、成人等群体开展阅读征文活动，评选出优秀征文给予奖励；鼓励读者参与文化交流互动。例如，南京雨花图书馆将读书“搬”到牛首山，与郊游、交友完美结合到一起，以“全民阅读”为主线，以“书”为媒介，以“诗”抒发情怀，开展了多种形式的阅读活动，吸引了近千人前来体验郊外的休闲阅读新方式，获得了参加者的一致好评。

二、基于活动空间的服务

（一）讲座服务

进入21世纪以来，我国公共图书馆讲座服务蓬勃发展，出现了很多知名品牌，成为公共图书馆履行社会教育职能的重要手段。2010年，由国家图书馆牵头成立了全国公共图书馆讲座联盟，以期达到各地图书馆之间加强合作、资源共享、互帮互补，均衡推进图书馆讲座的全面发展的目的。由此，我国公共图书馆公益讲座进入快速发展阶段。

目前，我国公共图书馆开展社区讲座的出发点和落脚点是宣传时事、政策、法规、常识、知识等，丰富居民文化生活，帮助居民解决生活问题。社区讲座活动内容以面向社区居民、贴近生活、解决居民生活问题的实用性、普及性知识为主，主要分为以下几类：

1. *青少年教育类*

此类讲座意在使青少年开阔眼界、增长知识，树立远大的理想和信念，讲座内容涉及青少年心理健康、法治道德教育、家庭教育、课余生活、学习方法等方面。例如，金华市图书馆的“如何建立和谐的亲子关系”、珠海市图书馆的“中国青少年音乐教育——除了技巧，还需要学什么”等。

2. *健康保健类*

此类讲座以帮助居民正确认识病源，了解病程、病理方面的知识，树立正确的健康理念为主要目标，有些还教会居民一些简单的医学知识、易学的自疗方法等。主题通常分为慢性病防治类、传染病防治类、心理卫生类、中医保健类、食品安全类以及识别伪医学知识等多个类别。如深圳图书馆的“自律的饮食可以逆转糖尿病吗”、泉州市图书馆的“关注中医学小儿推拿——宝宝积食的推拿手法”、上海徐汇区图书馆的“夏季皮肤病的防治”等。

3. 地方文化

打造地方品牌是社区图书馆开展讲座服务的一大亮点。地方文化知识讲座以挖掘地方历史文化内涵、提炼地区精神、传播优秀文化、紧跟当前社会热点为宗旨。例如，绵阳市图书馆的中华传统文化系列讲座、衡阳市图书馆的“晚清官场奇葩——彭玉麟心中的江湖”、菏泽市图书馆的传统文化公开课等，从多个角度展示具有浓郁地方特色的历史文化。

4. 科普知识类

科普知识类讲座主要是向社区居民普及推广科技知识，提高其科技素养，主题包括安全、防火防盗防诈骗、反邪教、灾害应急反应、前沿科技等。例如，南京图书馆的“火星探测：通往未来的远征”、唐山市图书馆的“地震无情，减灾有道——纪念唐山抗震胜利 40 周年防震减灾科普知识讲座”等。

5. 法律资讯类

此类讲座意在普及与社区居民生活息息相关的法律知识，提高和增强社区居民的法律意识，提升他们懂法、用法的能力。例如，襄阳市图书馆“以法治思维和法治方式捍卫舌尖上的安全”、孝感图书馆“新常态下的家庭资产配置”等讲座。

6. 阅读推广类

此类讲座是指通过分享阅读经验与体会、开展互动交流、探讨阅读中的问题等方式推进全民阅读的讲座形式。例如，镇江市图书馆“幼儿早期阅读的十个问题”、重庆渝北区图书馆“阅读的困境与救赎”等讲座。

7. 文史艺术类

此类讲座内容庞杂，包括中外历史、哲学、国学、文博、戏曲、诗歌、音乐、舞蹈、绘画、书法、动漫等多个类别。例如，南宁市图书馆的“今天我们该怎样读鲁迅”、苏州图书馆的“中国传统画派——米点山水”、上海图书馆的“横看成岭侧成峰——朝鲜半岛汉籍里的中国”等。

8. 政治经济类

此类讲座主题以国际形势、国家政策、经济动态等的焦点话题为主，用客观、理性的态度，深入浅出的语言为居民解读国家政治经济生活中的热点话题，提高居民参与国家事务的热情。例如，九江市图书馆的“印太战略与中美关系”、广州图书馆的“借力乡村振兴东风，加快我市‘三农’事业发展”等讲座。

9. 社会生活类

此类讲座以人民群众普遍关心的时下生活热点、难点为主题，如时尚潮流、投资理财、就业择业、人际交往等，为居民困惑的问题提供切实可行的解决方法。例如，太原市图书馆的“高考自主招生报考指导”、九江市图书馆的“中国美术教育的现状和发展趋势——美术联考的训练和应试攻略”、佛山市图书馆的“职场口才与沟通技巧”等讲座。

10. 心理健康类

心理健康讲座意在提高居民调节自身情绪、排解不良情绪的能力，从而有效维护自身心理健康。这一类讲座通常以关注弱势群体为主，如未成年人、刑满释放人员、留守儿童、残障人士、老年人、家庭妇女等。例如，贵阳市图书馆的“家庭教育之赞美与接纳”、宜昌市图书馆的“关系智慧与和谐人生”等。

（二）文化活动

社区图书馆的文化活动，多以阅读推广为最终目的，意在吸引更多读者参与图书馆活动，了解图书馆服务和资源，通常有以下几种形式：

1. 培训学习

社区图书馆应根据居民需求开展一些与日常生活相关的技能培训，满足居民终身学习的需求，如演讲培训、朗读培训、少儿计算机培训、外语培训、老年人计算机（手机）使用培训、3D 打印培训、音乐欣赏课、数字图书馆使用培训、急救知识培训、无线电修理培训等。

2. 影视播放

目前，大多数公共图书馆的影视播放活动多针对儿童和青少年，如利用假期为中小学生播放红色电影、在少儿活动中播放动画片等。一些图书馆在影片播放完毕后附有鉴赏、讨论等活动。

3. 手工制作

儿童和青少年的制作活动侧重于益智和体现童趣，如制作月饼、饺子、纸杯蛋糕、节日贺卡、智能机器人、水拓画、纽扣画、彩绘以及折纸等；成人手工艺制作活动则侧重展现手工艺的文化价值，如剪纸、串珠、打中国结、画脸谱、制作灯笼、风筝、布艺老虎、宫灯、十字绣钥匙扣、油纸伞等。

4. 展览

根据展览的内容可分为图片展（如喜迎党的二十大图片展、“奋进小康”主题图片展、安全知识图片展、学习《公共图书馆法》图文展）、图书展（古籍文献联展、诗词歌赋类图书展、传统民俗类图书展、自然科学类图书展）、摄影展（如端午节主题摄影展、“寻找图书馆最美阅读空间、人文阅读”摄影作品公益展）、书画展，等等。

5. 竞赛

图书馆开展的竞赛活动有征文大赛、中小学生作文比赛、讲故事比赛、朗诵演讲比赛、摄影机视频制作大赛、知识竞赛、玩具创意比赛、海报创意设计大赛等。

6. 文艺演出

文艺演出活动为社区居民展示自身才艺提供了舞台，社区图书馆多与社区组织合作，吸纳一些有才能并热心公益的人士参加和组织演出活动，调动居民参与社区文化活动的积极性，同时宣传图书馆服务。

7. 节假日主题活动

传统节日是图书馆举办社区文化活动的重要时机，如元旦（新年诗会、新年茶话会）、春节（猜灯谜、“看图书，送春联”活动）、元宵节（闹元宵猜灯谜活动）、妇女节（讲座）、青年节、儿童节（文艺演出）、建军节（拥军慰问）、建党节（播放主旋律电影）、七夕节、教师节（“亲制纽扣花感谢师恩”活动、教师节献礼——贺卡制作活动）、重阳节（敬老、爱老活动）等。

四、其他服务类型

（一）流动服务

流动服务是图书馆服务拓展和延伸的有效手段，可有效解决远离图书馆或交通不便地区居民的看书问题。图书馆开展流动服务最早可追溯到 1892 年，美国纽约州图书馆用最简单的篷车将图书送到边远地区巡回送卖。20 世纪初，美国公共图书馆领域就开始使用流动图书馆，以解决公共图书馆系统不够完善、分馆数量少、网点覆盖面小等问题，并重点解决特殊人群和节假日等服务时间的问题。流动图书馆服务从此在国际上被广泛使用。

在我国，1983 年，河北省唐山市丰南图书馆用一辆加重自行车开展流动服务，图书馆工作人员骑着它送科技、送知识，走遍了全区所有乡镇和大部分村庄。1985 年，我国第一台汽车图书馆专用车试制成功，并交付武汉图书馆使用。1986 年，该专用汽车通过鉴定，获准进行批量生产。20 世纪 80 年代后期，我国各级公共图书馆已拥有 60 多座汽车图书馆，分布在 20 多个省、市、自治区使用。进入 21 世纪，随着我国政府大力推进公共文化服务均等化、便利化，公共图书馆流动服务得到了快速发展；同时，伴随着新技术的应用，流动服务设备、形式也出现了新变化。以丰南图书馆为例，2009 年，丰南图书馆流动服务车换成了 6 座的全顺面包车，其服务功能也从单一的图书借阅，扩展为具有文化共享工程视频播放与电子阅览的数字信息服务功能，并被命名为“书香丰南动车组”。

2011 年，“书香丰南动车组”继续对流动车及配置改进完善，车上采用适应集群管理的管理软件，应用 3G 网络与馆内服务器连接，配载小型自助借还设备，实现了户外流动服务的智能化。

目前，我国公共图书馆的流动服务已实现了数字化、智能化，服务形式也不再局限于汽车图书馆，还出现了公交车图书馆、地铁图书馆以及借助物流的流动图书服务模式，极大地补充了图书馆阵地服务，在实现公共文化均等化、便利化中发挥着重要作用。

1. **汽车图书馆**

汽车图书馆，即图书馆根据市民需求选出图书，利用流动图书车开展巡回服务。这种服务方式有利于解决偏远地区居民看书难的问题。流动车内有一定数量的图书、杂志，有阅览座位，供读者上网浏览的电脑，全车无线网络覆盖，并安装了空调、音响等设备。汽车图书馆是目前为止应用最广泛的流动服务，其服务内容包括现场阅读、借书、还书、办证、咨询等。一些汽车图书馆还可以提供数字文献资源、网络预约借书、网络参考咨询、馆际互借、电子文献传递等服务。类似于汽车图书馆服务，这种借助运输工具开展流动服务的方式还有流动图书船、摩托车和自行车图书馆，以及在偏远山区开展的马背图书馆、驴车图书馆和背篓图书馆等。

2. **公交车流动图书馆**

2015 年以来，我国各地城市出现了公交车流动图书馆，即在公交车或站台上摆放书架，放置图书、杂志供乘客阅读，有的还提供借阅服务。例如，合肥肥东县在 22 辆公交车上设置“流动图书馆”，即在司机座位后方的挡板处及后门的位置，放置一个可摆放杂志书籍的小书架，乘客上车后便可按个人爱好自行取阅，不需要办理任何借阅手续，下车时放回原处即可。河南郑州在 95 路公交车上设立书架，乘客可在车上看书，也可借回家看，借阅时只需扫描二维码，将“书名＋乘客姓名＋联系电话”发送到微信后台备案，即可将书借走；还书时，市民在该微信后台留言后，可在任意一辆95路车上进行还书，借书时限最长为半个月。青岛公交集团城阳巴士有限公司联合青岛农业大学启动了“打造流动书屋，创建书香青岛”活动，在城阳区长城路公交站试点增设了“流动书屋”，让广大乘客在候车之余能够翻阅书籍。如需借阅，市民只需通过手机微信扫描借阅图书封皮上的二维码标签，志愿者每天都会对借阅书籍进行整理、登记，待借阅完毕后只需归还给任意一个通往长城路的公交车即可。

3. 地铁图书馆

随着城市地铁交通的不断发展和完善，越来越多的市民选择地铁出行。

近几年，我国一些城市出现了地铁图书馆，成为公共图书馆服务延伸和拓展的又一重要方式，代表性的有南京地铁图书馆、武汉地铁图书馆、上海地铁图书馆、北京地铁图书馆等。

南京地铁图书馆，乘客凭身份证、公交IC卡或者市民卡，就可以在地铁服务点内现场注册金陵图书馆借书证，现场借还书。地铁图书馆与金陵图书馆新馆、长江路馆以及遍布全市各地的各社区分馆、汽车图书馆服务点都能实现图书馆资源的通借通还。

武汉地铁图书馆共设置21台自助图书机，每台图书机共拥有8000多册图书，占地面积约6平方米，乘客可通过武汉一卡通自动借还图书，地铁站可通借通还。2017年地铁图书馆启用武汉通读者证，与24小时自助图书馆实现通借通还。

与其他城市地铁图书馆不同的是，北京地铁图书馆只提供电子图书，乘客通过扫描车厢内二维码，并完成注册后，即可免费在线阅读电子书。

4. 图书物流模式

图书物流模式是指物流公司将图书送到流动图书分馆或者读者家中的服务模式。以广东为例，广州图书馆提供送书上门服务，读者可随时随地通过网络申请，以物流方式直接把图书送到读者手上或代读者归还图书。广东省立中山图书馆则是以物流概念构建图书馆共享协作网络，即省馆与书商、物流公司合作，根据实际需要，物流公司把新书直接从书商的供应地配送到流动图书馆分馆，每批新书每半年流动一次，按照预定的流动路线，物流公司把新书配送到本地区的一个分馆，同时把另一批新书补充到位。

图书物流服务模式使那些交通不便、出行不便或距离图书馆较远的读者能够及时看到新书。国内图书馆由此衍生了信用借还服务，即芝麻信用达到一定分数，即可免办证、免押金、线上借、送上门，通过支付宝借还图书，享受快递到家服务，这种服务节省了读者借书的交通成本和时间成本，如杭州、温州、上海、合肥等地的公共图书馆均已开展此项服务。

（二）自助图书馆

自助服务有两种形式：一是图书馆自助服务机，可安装在广场、社区、商业中心等大型公众场所，典型的如深圳图书馆的“城市街区 24 小时自助图书馆”；二是自助图书馆，一般独立位于图书馆的馆舍之外，典型的如张家港市图书馆在全国首创的 24 小时自助图书馆“图书馆驿站”。目前，我国的自助图书馆服务多集中在城市社区，偏远地区或农村地区很少有自助图书馆服务，因此出现了城市和农村、经济发达和不发达地区差异化发展的局面。

深圳图书馆自 2006 年就提出了“开放、平等、免费”的办馆理念，并于启动了自助图书馆的研制工作。该工作被列为文化部科研项目和深圳市重点文化建设项目，定名为“城市街区 24 小时自助图书馆系统”。自此，自助图书馆从深圳辐射至全国。自助服务机可提供以下服务：申办新证、自助借书、自助还书、预约服务、查询服务、续借服务、存入预付款与滞纳金自助扣缴、图书下载、无线上网、自助阅读等。

2013 年，张家港市图书馆在全国首创 24 小时自助图书馆新模式——图书馆驿站，受到社会各界好评。各图书馆驿站占地 35~200 平方米，内置十大功能系统：自助借还系统、自助办证系统、自助门禁系统、自动上网系统、灯光自动控制系统、空调智能控制系统、远程监控系统、消防报警系统、数字汇总分析系统和故障自检及应急响应系统，市民仅凭市民卡即可刷卡入内阅读或借还图书，实现了全天候无人值守，工作人员通过手机驿站实现24小时不间断远程监控，发现问题及时处理。站内图书由张家港市图书馆统一调配、统一流转，与全市各级公共图书馆、图书馆驿站实行资源共享，数字阅读平台共享市图书馆数字资源；实行志愿服务的运行机制，常年招募文化志愿者，协助参与日常管理。

第三节　公共图书馆社区服务机制

一、合作机制

公共图书馆社区服务是公共文化服务的重要内容。社区是现代社会的基本单元，推动公共图书馆服务进社区，让广大群众能够就近方便地获得公共图书馆服务，是文化惠民的重要表现。在这一过程中，公共图书馆应坚持社会化发展，充分发挥社区居委会、业主委员会等社区管理机构或自治组织的作用，与其建立有效合作关系，整合双方优势资源，促进公共图书馆服务在社区落地生根。

（一）社会化合作

公共图书馆服务属于公共服务之一，为确保公益性，坚持政府主导是开展一切公共服务工作的基本原则，公共图书馆服务进社区也应注重政府主导作用，响应政府的相关政策，争取政府主管部门的支持。在此基础上，为充分激发公共图书馆服务的活力，图书馆还应积极与社区组织密切联系，展开良性互动，建立双赢的合作机制。

加强社会化合作以推进公共图书馆社区服务，这是基于我国当前公共图书馆事业的发展现状而必然要采取的对策。公共图书馆必须走出去，大力推广图书馆延伸服务，推动图书馆服务进机关、进学校、进企业、进军营、进社区、进农村。其中，社区的重要性尤为突出。社区集中生活着不同职业、不同年龄的各个人群，是构成社会有机体的细胞，是宏观社会的缩影。当前，社区正在成为城乡居民参加各种文化娱乐活动的重要场所，在经济发展水平越高的地区，社区越是居民生活中的重要存在。从图书馆服务角度来说，公共图书馆作为“第三空间”的功能在现代社会日益受到关注，公共图书馆也被认为是社区居民生活中的“第二起居室”。在当前社会发展环境下，公共图书馆的社区服务极为重要且充满挑战。而社区服务对象的多样化，社区中不同服务人群需求的个性化，又对公共图书馆的社区服务提出了更高要求。公共图书馆的社区服务，显然已成为我国当前公共图书馆事业中的一项重要而迫切的发展任务。

如何使公共图书馆的社区服务尽快且更好地满足社区居民的需求？首先，公共图书馆需要集合更多人、财、物等方面的资源，那么，与政府部门、社区组织等社会力量展开合作就很有必要了，从而实现双方或者多方优势资源的整合互补。通常来说，公共图书馆的社区服务有以下几种实现途径：①设立固定的服务点，如社区图书馆（室）；②没有固定服务场所的地方，通过定期或不定期开展流动服务为社区提供图书馆服务，如送书进社区、面向社区居民举办讲座、展览以及其他各种读书阅读活动；③通过互联网和新媒体渠道提供在线服务。这几种途径都适于通过公共图书馆与其他机构组织建立合作来更快、更好地实现社区服务。公共图书馆的优势资源包括专业人才和丰富的馆藏资源，在合作中应注意扬长补短，如由社区提供场所和基础设施，安排日常管理人员，公共图书馆则负责配置图书文献和管理系统，并对管理人员进行专业、规范的服务培训，合力为社区居民提供优质、便利的图书馆服务。

（二）“图书馆＋社区组织”为核心的合作

这里的社区组织是指在社区范围内开展活动的各类组织，包括社区党组织、社区居委会、业主委员会、社区服务中心（站）、社区社会组织、驻社区单位等。其中，社区居委会和业主委员会是社区自治组织；社区服务中心（站）是政府在社区层面设立的公共服务平台；社区社会组织是依法注册或备案，参与社区管理和服务的非营利性组织，包括社区志愿服务类、社区慈善公益类、社区生活服务类、社区事务类、社区文体活动类等各类社会组织。

随着我国城镇化进程不断加快，社区建设也越来越受重视，城市社区发展迅速。居（村）委会、业主委员会等社区自治组织是公共图书馆开展社区服务的最佳合作伙伴。这些社区组织在社区服务中具有独特优势，具有管理社区公共事务的职能，在社区居民中具有较高的信任度和权威性，十分了解社区情况，能够切实掌握居民需求。此外，社区中的非营利性社会组织，如社区志愿服务类组织、慈善公益类组织、文体活动类组织以及驻社区单位等也是公共图书馆开展社区服务时的优选合作伙伴。公共图书馆宜建立以“图书馆＋社区组织”为核心的合作伙伴关系，来推进社区服务工作更好地开展。其中，图书馆应为主导一方，为图书馆社区服务做出规划，科学布局，规范标准，确定图书馆社区服务的发展方向；同时，充分体现社区组织在合作中的积极作用，发扬其地利、人和方面的优势，帮助图书馆更好地了解社区居民的需求，更快融入社区文化建设。还需要提醒的是，以“图书馆＋社区组织”为核心建立合作伙伴关系，在合作中，除图书馆和社区组织之外，还可以有其他合作方，如政府部门、其他机构或者个人等社会力量。总之，公共图书馆在开展社区服务时应注重充分吸纳各方力量，建立多方联动、灵活共赢的合作机制，在人、财、物等方面进行优势互补，形成强大合力。

例如，美国康涅狄格州的纽海文免费公共图书馆（New Haven Free

Public Library，NHFPL）与耶鲁大学及一些非营利组织建立了合作伙伴关系，共同实施该市的一项工业区技术开发计划，还与国家司法部和该市的警察机关合作，对当地的 GIS（地理信息系统）数据进行整理，并提供给广大社区居民使用。另外，美国几乎所有图书馆都有“图书馆之友”。这是一个非营利性的会员制社会团体，由热爱图书馆事业的非馆内人士组成，包括热心读者、离退休馆员和已卸任的图书馆委员会人员等，主要功能包括为图书馆募集资金、宣传图书馆以扩大图书馆影响力、招募志愿者为图书馆提供人力支持，以及开展政治游说以提高政府对图书馆的财政支持。“图书馆之友”在美国公共图书馆的社区服务中发挥了令人瞩目的作用，是图书馆与社区形成紧密联系的重要纽带。国外有研究人员将一个大城市图书馆、一个小城市图书馆和一个郊区图书馆进行系统对比，分析了不同服务人口规模对公共图书馆“图书馆之友”运作效果的影响，结果表明，“图书馆之友”对于一个越小的社区反而越可能带来更大、更集中、更持久的影响力。

我国一些地区的公共图书馆在合作开展社区服务方面也做出了成功的实践探索。例如，深圳市罗湖区图书馆创新“悠·图书馆”的理念与创想，与上级主管部门、辖区社区或小区、学校、工业园区等展开灵活多样的合作，在以社区为中心的现代社区图书馆服务方面取得显著成效。罗湖区图书馆社区服务的合作模式主要包括：通过上级主管部门协调，将原来由街道或社区自主独立建设运营的图书馆（室）纳入罗湖区图书馆总分馆体系中，进行统一投入、改建及运营；与有意愿提供空间建设“悠·图书馆”的社区或小区签署协议，由社区或小区承担空间及相关物业费用，罗湖区图书馆投入空间装修、设施及馆藏费用，并纳入罗湖区图书馆总分馆体系；与辖区学校、工业园区等签署协议合作，由学校、工业园区等提供免费合作空间并承担空间装修费用，罗湖区图书馆提供馆藏资源及服务设施，并承担日常开放运营费用。

二、管理机制

社区是公共图书馆延伸服务网络中的末梢。从我国的社区图书馆建设实践来看，往往存在管理不到位的问题，建而不管，或者管理不规范，导致社区图书馆门可罗雀，无法发挥应有的服务功能。要解决这些问题，就必须创新公共图书馆社区服务管理机制，建立适应社区新发展形势，并可充分实现服务效益的公共文化服务管理模式。

（一）管办分离的管理机制

进入 21 世纪后，我国开展的公共图书馆服务体系建设在管理体制创新方面表现显著，北京、上海、深圳、东莞、杭州、苏州、嘉兴等地的探索实践甚至形成了各具特色的地方“模式”，在推动公共图书馆服务资源共建共享并向基层延伸方面提供了丰富的范例。

政府设立的各级公共图书馆是城乡公共文化服务的重要供给主体，各级政府对本地区的公共图书馆事业发展负有领导之责。我国现已确立通过县级图书馆总分馆制建设来实现公共图书馆资源向城乡基层延伸的发展方针，即各县应建立以县级公共图书馆为总馆，街道／乡镇综合文化站、社区／村图书馆（室）等为分馆或基层服务点的总分馆制，总馆负责加强对分馆和基层服务点的业务指导。就管理体制方面来说，总馆负责区域内各分馆和基层服务点的管理和规划，实行人、财、物统一管理，通过总馆的主导协调实现区域内公共图书馆资源的共建共享。也就是说，公共图书馆设立于社区的分馆和基层服务点在行政上可以隶属于不同管理机构，但在业务上应接受总馆的统一规划和协调，总馆无须包办分馆的全部事务，但总馆必须参与到分馆的建设和规划中，如为分馆制定建设标准、服务标准、运行制度、考核评价办法等。

（二）多方参与的总分馆制建设

公共图书馆社区服务的社会化有利于满足广大群众的多元需求，提升服务效益，但其公益、开放、平等、普惠的特点又决定公共图书馆的社区服务不能完全市场化。在多元供给模式下，为保障服务的有序可持续开展，相应管理机制的确立就十分关键。尤其在总分馆制建设中，管理机制更是关键，决定着总分馆建设的效率和效益。建立多方参与、权责明确、密切协作的管理机制，是全覆盖的公共图书馆服务体系建设顺利走向成功的基石，社区服务作为区域公共图书馆服务体系建设中的重要内容，亦不例外。

我国社区一级（含村）的图书馆（室）建设主要有以下几种形式：第一种是由县市级政府根据普遍均等的服务原则，进行规划布局，统一建设并维持运行的公益性图书馆（室）；第二种是由县市级政府以项目形式统一设置但由居（村）委会自主运行的图书馆（室）；第三种是自2004年开始，通过新闻出版总署和中央文明办等八家单位联合实施的农家书屋工程而建立的农家书屋，在广大农村实际承担着图书馆的部分功能；第四种是由居（村）委会或社会力量与现有公共图书馆联合建设的图书馆（室），通常作为现有公共图书馆的分馆或服务点；第五种是由居（村）委会或社会力量自主设置和运行的图书馆（室）。随着基层图书馆总分馆制建设的推进，某一区域内这些不同形式的图书馆（室）必将纳入地区图书馆一体化服务体系。这有利于统筹整合此前分散的图书馆服务资源，实现区域内共建共享，避免资源重建和浪费，提高资源的有效利用率。通常表现为，同一地区的社区图书馆在政府主导规划下逐步统一发展步调，以县级图书馆或某一中心图书馆为总馆，接受总馆的业务辅导，实现文献、技术、人员等资源的全面共享或统一管理，按照相同的规则和标准，依托公共图书馆服务网络和统一的业务管理平台开展各项服务工作。各地区也可成立专门的社区图书馆行业协会或社区图书馆管理委员会，作为本地区社区图书馆建设工作的领导机构和协调机构，负责制订本地区社区图书馆的整体发展规划和相关业务工作规范标准，协调解决本地区社区图书馆建设和发展中出现的问题。

公共图书馆的社区服务要顺利进行自然离不开社区的支持。如前文所述，在我国，公共图书馆社区服务形式主要包括社区图书馆（室）等固定场所提供服务、流动服务、在线服务三种。不过，相对来说，后两者在管理上可以不需要社区的参与，更为简单易行，可由公共图书馆设专人、专部门全力负责，主导并组织开展相关服务和活动，因为牵涉面小，因此在与社区合作方面也更容易达成。如果是通过设立社区图书馆（室）来提供服务，一般社区将参与对社区图书馆（室）的管理，或者在公共图书馆的指导下直接负责管理日常工作，这就需要公共图书馆与社区达成长期稳固的合作，确立更为具体细致的制度和规范体系，双方可签订合作协议，明确合作中各利益相关方的管理范围、权限职责及相互关系。

在组织架构方面，作为总馆的公共图书馆应有专门人员或专门部门负责各分馆和基层服务点的业务辅导和协调协作。社区图书馆因规模大小不同、馆内岗位和工作人员数量不等，有的社区图书馆只需 1 ~ 2 人负责日常运作，而规模较大、人员较多的社区图书馆需要设置馆长一职，由馆长负责馆内管理工作以及和外界的协调联系。有条件的社区图书馆也可以参考理事会制度设立图书馆咨询委员会，吸纳社区不同人群的代表和热心人士参与图书馆管理。在资源管理方面，总馆应在馆藏发展政策中体现各分馆和基层服务点资源建设的内容，负责统一采编加工，并组织安排好图书等资源的配送、轮换工作，制定相应制度。社区图书馆应根据总馆制定的规范制度做好日常管理，包括到馆图书等文献资源的上架和日常管理保护工作，文献借阅、信息咨询、读者活动等服务数据的统计工作，还有消防安全、读者人身安全、资产安全、计算机及信息安全的相关管理工作。

三、运行机制

管理机制的确立为图书馆的规范有序运行奠定了基础和方向，而在具体运行中，图书馆的服务也应遵循一定机制，建立一定的规范。从国内外已有的丰富实践经验来看，在推进公共图书馆社区服务方面，总分馆制是一种颇为有效、运行得较好的模式。虽然图书馆提供的知识服务、信息服务等公共文化服务是无形的，但图书馆服务实实在在体现在每一项工作中，属于实干型工作。贯彻在实务中的基本服务理念则是确保图书馆服务工作取得良好效益的关键，是公共图书馆社区服务运行机制的核心要素。一般认为，公益、平等、人本是一切公共图书馆服务都必须坚持的重要基本理念。

（一）公益

公益指的是公共图书馆应实行免费开放，坚持免费向社会公众提供基本服务。公共图书馆是保障公民文化权利、促进社会信息公平的一项制度安排。自出现以来，公共图书馆就有着独特的使命，联合国教科文组织的《公共图书馆宣言》对此有明确展现。公共图书馆服务的核心与信息、扫盲、教育和文化密切相关，对人类社会的发展进步和实现公民精神幸福至关重要。《中华人民共和国公共图书馆法》已明确要求县级以上政府应将公共图书馆建设纳入当地国民经济和社会发展规划，为政府设立的公共图书馆提供所需经费，并及时、足额拨付，同时对其他由社会力量设立的公共图书馆也应给予政策扶持。因而，在我国公共图书馆向社会公众提供免费服务是有必要且有条件实现的。

我国各地目前已基本实现公共图书馆免费开放。免费开放范围包括公共图书馆的公共空间设施场地免费开放，文献借阅、咨询检索、公益性讲座展览、基层辅导、流动服务等基本文化服务项目免费提供，为保障基本职能实现的一些辅助性服务如办证、验证及存包等全部免费。公共图书馆为社会公众提供服务应以公益性为基本原则，公共图书馆服务以充分实现社会效益为目标，而不是追求经济效益。当然，这不是说公共图书馆提供的所有服务都必须免费，公共图书馆可以在一些非基本文化服务项目上实行有偿服务，但依然要坚持非营利性原则，在整体上确保公共图书馆服务的公益性。

（二）平等

平等指的是公共图书馆面向社会全体提供服务，每一个人都有平等享受公共图书馆服务的权利。公共图书馆服务的公益性决定了平等服务，公共图书馆不得因年龄、种族、性别、宗教信仰、国籍、语言等原因拒绝向用户提供服务，公共图书馆的大门是向社会全体公民敞开的。为保障信息公平，公共图书馆还应向因故无法正常享有图书馆服务的用户提供特殊服务，应对弱势群体等特殊人群开展特别服务，如未成年人、老年人、残疾人、农民工、医院病人等。

公共图书馆平等服务的核心在于消除可妨碍人们利用图书馆、获取信息的门槛。公共图书馆服务可以将某一群体列为重点服务对象，但不可以任何理由设立门槛，拒绝向某人或某个群体提供图书馆服务，不能因用户的年龄、性别、财富、社会地位而歧视或无视用户。杭州图书馆允许流浪者进入馆内读书看报，就是平等理念的具体表现。此外，图书馆还应该致力于消除信息获取门槛，为推动人人平等享有图书馆服务而努力。对于残障人士，图书馆应建立无障碍通道，提供专门的盲文文献和听书设备，在网站上提供大字体阅读服务或有声网页，这也是平等理念的表现。公共图书馆社区服务践行平等理念，就是要实现公共图书馆的全覆盖，强调普遍均等的公共图书馆服务。具体措施还包括：合理规划布局社区图书馆（室）的位置，保障社区图书馆（室）开放时长，在无法设立固定设施的地方，以流动服务作为补充，还可利用互联网无处不达、无时不在的特点，大力推广数字图书馆服务。

（三）人本

以人为本是现代公共图书馆服务理念的核心内容，要求公共图书馆一切工作都应围绕人展开，尤其是读者，因而，我国公共图书馆领域曾普遍提出了“服务至上，读者至上”“读者就是上帝”的口号。随后，人本理念不断发展，“人”的范围也从高度强调读者转变为关注“利益相关者”，即包括读者、馆员、政府、企业等与公共图书馆事业发展相关的各个群体。当然，从公共图书馆社区服务的角度来说，人本理念对运行机制确立的意义还在于公共图书馆应关注用户需求，以用户需求为导向提供相关服务。不仅仅是用户需要什么，图书馆就提供什么服务，还包括图书馆要挖掘并引导用户的需求发展，推广先进文化，促进文化消费。

社区是以家庭为基本单元的社群，一般情况下，中青年一半甚至大半的时间精力花费在职场，在单位的时间要多于在社区的时间，而老人、小孩则更多以家庭为生活中心，是社区活动中最常见的群体。社区人口特点分析是确立公共图书馆社区服务运行机制的一个重要因素。简单来说，根据我国这一社区人口特点，未成年人、老年人应成为公共图书馆的重点服务对象，公共图书馆应针对这些人群的阅读习惯和阅读兴趣配置馆藏资源，开展相应服务。孩童时期是一个人养成阅读习惯、确立图书馆素养的最佳时期，而且好习惯养成后还会对其今后一生的发展产生影响。全体未成年人都可以说是公共图书馆的潜在终身用户，对于图书馆事业的发展具有重要价值。公共图书馆可重点开展早期识字、亲子阅读等方面的服务，养成并强化儿童早期的阅读习惯。针对学龄少年儿童，公共图书馆可配合学校教育开展相关课外阅读辅导、家庭作业辅导等服务。公共图书馆还可以开展形式多样、内容丰富的活动，为未成年人群体提供接触各种文化展示的机会，设立少儿阅读体验中心或创客空间，激发少年儿童的想象力和创造力，等等。对于老年人群体，公共图书馆可提供免费讲座、培训、展览等服务。例如，开展扫盲活动提升老年人的读写识字水平，开展计算机基础培训帮助老年人学会使用电脑，开展健康养生讲座和各种兴趣班帮助老年人维护身心健康、丰富晚年生活。

第四章　公共图书馆在文旅融合中的理论探索

第一节　文旅融合的背景

一、文旅融合是国家发展战略深度调整的重要选择

中国经济经过改革开放 40 多年的发展，无论经济总量还是经济结构都发生了翻天覆地的变化。当前，我国的经济发展已逐步进入深度转型期，同时，外部环境的不确定风险也在逐步增加，如贸易战、世界经济增速放缓等。根据世界旅游组织相关数据显示，全球文化旅游产业对经济的驱动力不断增大，很多国家的文化旅游拉动占 40%，欧洲的一些国家则已超过 50%，甚至更高。我国文化旅游产业的发展也处于快速增长区间，文化和旅游产业已经在我国国民经济中占有十分重要的地位。因此持续加大国内文化和旅游产业的扶持力度是进一步深化和优化我国产业结构的重要举措，是发展经济、增加就业的有效手段，也是提高人民群众整体生活水平的重要措施。

二、人民群众对基于文化的旅游品质要求持续提升

当前社会的主要矛盾已发生了深刻变化，转化为人民日益增长的美好生活需要和不平衡不充分的发展之间的矛盾。人民群众在物质生活方

面已经获得了较大满足，但在精神文化生活方面的需求尚未获得充分满足。文化和旅游需求正逐渐成为人民群众新的需求增长点，且增速较快。同时，人们在具体的旅游方式的选择上也正在发生深刻变化，不再单纯以“拍照打卡”的方式参观旅游景点的外在景观，而是开始更为深入地去体验不同文化的内在魅力，注重文化因素的挖掘和感受，在旅游参观中学习和了解各种文化知识，感受民风民俗，最大限度地体会旅游中的人文之美。中国青年报社会调查中心 2019 年年初进行的一项调查显示，在 2003 名受访者之中，有 87.7% 的旅游人群体验过文化旅游，在参与的各类文化旅游项目中，有 65.8% 的受访者参与过旅游所在地传统文化故事相关的文化旅游项目，有 58.2% 的受访者参与过当地民风民俗有关的文化旅游项目，有 44.7% 的受访者参与过文学影视艺术作品有关的文化旅游项目，在受访者中对“能深入参与或体验的文化旅游产品”感兴趣程度最高，占比达 60.5%。这些调查数据充分说明了人民群众对文化旅游的品质要求正在不断提升，单一的旅游观景已不能满足人民群众的需求，与文化紧密联系的旅游产品正得到人们的热捧，文化正成为旅游服务产品中越来越重要和独特的元素，成为人们旅游服务消费的重点。

三、文旅融合是实现“诗和远方”完美交融的有效途径

从古至今，文化和旅游一直保持着密不可分的关系，古人也常常用“读万卷书”和“行万里路”来表达文化和旅游的对应关系和内在联系。2017 年，联合国世界旅游组织对“文化旅游”的概念进行了重新界定，提出了文化旅游的基本动机是学习、发现、体验和消费旅游目的地的物质和非物质文化景点，这些景点包括艺术和建筑、文学音乐、文化创意、生活方式、价值信仰等当地特有的要素。当前，国内文化和旅游主管部门对所在地文化和旅游资源均进行了系统梳理，但由于我国文化和旅游长期属于两个独立的行政部门，各自为政，文化系统专注于文化服务，

旅游系统擅长于市场推介，两方资源无法深入交融，即便有一些文件出台，也大多流于形式，为融合而“融合”，彼此的向心力不强，融入深度也不够。国家将文化和旅游两个部门进行整合，组建文化和旅游部，在组织机构、人员配备、业务职能等多方面进行了系统整合，为文化和旅游的交融提供了强大的基础保障。同时，相关部门前期已对各自的文化和旅游资源进行挖掘和梳理，形成相对完善的资源产品库，但在文旅融合新背景下的资源梳理则仍可进一步深挖和整合。原旅游服务资源由于缺乏对应的文化服务专业力量，旅游服务的深度有待深化，同样，原文化服务资源由于缺乏相应的专业推广能力，文化服务的广度有待拓展。文化和旅游的结合是“诗和远方”完美交融的过程，文化可以更好地走向“远方”，旅游可以更有“诗意”，文旅融合也将进一步拓展文化和旅游各自的内涵和外延。文化中加入旅游，使文化增添了翅膀，让文化走得更远；旅游中加入文化，使旅游沉淀了品质，让旅游更富深度。2018 年联合国世界旅游组织发布的《旅游与文化协同作用》报告中指出，文化和旅游是相互依存的共生关系，旅游和文化相互交融、互为一体的过程，不但赋予了空间移动的旅游以文化内涵，而且也使各类自然风光、人文古迹、历史名胜、文化场馆、艺术中心等物质性文化场所和文化遗产、民风习俗、文化节庆等非物质性文化元素通过旅游活动得以展演传承，并发扬光大。文化和旅游融合是一个相互渗入、互为支撑、协同并进和深入融合的过程，是推进文化和旅游高品质发展的必然要求。同时，文旅融合还将产生强大的经济效益，为文化旅游资源所在地带来更多的发展机遇。

四、文旅融合是实现社会主义文化大繁荣的战略需求

2009 年，当时的文化部和国家旅游局联合印发了《关于促进文化与旅游结合发展的指导意见》，提出文化和旅游的结合要从构建社会主义和谐社会的高度出发，并明确了“树形象、提品质、增效益”的目标，

积极落实措施，加强文化与旅游结合，最终推动社会主义文化大发展大繁荣。文化和旅游的融合发展不是简单的两项政府工作的整合，是关系和影响到我国社会主义文化发展和文化繁荣的重大战略任务，对国家的整体建设具有十分重要的影响。

文化是内核，旅游是载体，文化和旅游的深度融合是实现社会主义文化大发展的重要途径。文化与旅游融合，一方面文化元素融入旅游，有利于提升旅游产业的品位，促进旅游产业发展方式的转变，实现旅游产业由量到质的转变，从而推动旅游经济的全面发展；另一方面，旅游产业向文化服务的空间拓展，为文化消费创造巨大的市场空间，为文化保护与传承提供有力支撑，为弘扬我国优秀的传统文化、革命文化和传播社会主义先进文化提供了巨大机遇。文旅融合对于中华民族优秀传统文化的发扬、革命文化的传承和社会主义先进文化的弘扬具有十分重要的推动作用。传统文化与旅游产业的融合发展，为中华民族优秀传统文化的发扬光大提供了新的动力，有助于扩大传统文化的传播渠道。同时，各类以中华优秀传统文化为核心的旅游产品、文艺演出和文创产品等正逐渐趋于产业化发展，使中华优秀传统文化深入渗透文化旅游各类产品及服务之中，使人民群众在消费各类文旅产品及服务时能深刻体验中华优秀传统文化之美，让人们“润物细无声”地、无意识地感受到优秀传统文化的魅力。革命文化与旅游产业的融合发展，对于弘扬中国革命文化有十分重要的意义，也为革命文化的广泛传播提供更大活力。近年来，革命圣地旅游越来越受到人民群众的喜欢和追捧，同时，很多革命圣地旅游基地大力挖掘革命文化遗产，如井冈山、延安、遵义等，通过大型实景演出、红歌、诗歌朗诵或革命后代及志愿者讲述革命故事的方式，让人们更全面和深入地了解革命文化，传承红色基因，实现更大的社会和经济效益，推动革命文化的传承与繁荣。社会主义先进文化和旅游的融合发展，对全面弘扬社会主义优越性，持续深入推进社会主义建设具有非常重要的展示作用。通过文旅融合不断加大社会主义精神文明建设相关成就的挖掘与展示，通过诸如参与各类社会主义先进文化的创意创新活动，参观社会主义建设标志性成果，等等，让人民群众深入学习和了解社会主义先进文化，引导人们树立崇高的理想信念，最终推进社会主义先进文化的弘扬与发展。

第二节　文旅融合的内涵

一、旅游的内涵

何为旅游？旅游是不同国家、不同文化交流互鉴的重要渠道，旅游不同于文化，但又和文化息息相关，旅游是人类社会发展到一定阶段的产物，是人类需求得到进一步提升后才出现的高层次的人类活动。根据世界旅游组织对旅游的描述，是人们出于休闲或其他相关目的，而到其非惯常环境下生活和游玩的行为，感受当地自然环境和人文风俗等，一般停留时间不超过 1 年。而《中国旅游文化大辞典》也认为旅游是人类社会经济和文化发展到一定阶段的产物，是旅游者开展的一项以领略自然神韵、汲取文化精髓为主要目的的高雅文化实践活动。这种旅游常表现为以文化为主要特征的综合性社会活动，具体从人们的“行、游、住、食、购、娱”等六大要素上获得具体的旅游体验，感受旅游所在地的自然物质环境和社会文化风俗双重内容，是集物质文明和精神文明为一体的活动过程。

旅游是一种社会现象，是随着人类社会经济发展而演进的。世界著名旅游未来学家约曼曾经提出:“旅游是世界上重大经济成功的故事之一，这个故事就像时光一样，既没有开头，也没有结尾。这是一种被创造出来的现象，因为它的复杂性，它难以限定。一言以蔽之，时光开始的时候，旅游也开始了。”它是“人们离开惯常生活的环境，外出旅行和短期逗留并返回原住地的所有现象的总和”，或者说是“非定居者的旅行和暂时居住而引起的所有现象及关系的总和”。

旅游表现出几个重要属性。首先，旅游是高层次的人类需求活动。旅游不是最基础的生存需求类活动，而是更高层次的人类需求，是人类求新、求异、求美的综合表现。其次，旅游和文化紧密联系，相辅相成。旅游最重要的目的就是感受不同的文化，这个文化既可以是有形的自然文化，也可以是无形的精神文化，还可以是外化的行为文化等，这些文化都是旅游的重要组成元素。同时，丰富的文化也将推动旅游内容的扩展，提升旅游的内涵和品质。最后，旅游还是一种重要的经济业态。旅游一直是一项重要的经济来源，不同区域，尤其是旅游资源丰富的地区已将旅游作为一项重要的产业带动地方经济发展，因此也使旅游具有鲜明的市场属性和经济特性，广受地方政府重视。

二、文化旅游融合的内涵

文化和旅游是相生相长的一对亲密伙伴，如何才能更好地结合，彼此促进，切实推进文化和旅游的有效融合，是当前理论学术界和政府部门亟待解决的问题。

文旅融合，并不是简单地把“文和旅”拼凑在一起，而是要真正理解融合的内涵。事实上，当前各界对“文旅融合”的含义理解是较为模糊的，到底“文旅融合”讲的是“文化和旅游”，还是“文化产业和旅游产业”，亦或指的是“文化旅游”“文化旅游产业”也未可知，又或者说是“文化和旅游的产业融合”，这些内容全凭各自的理解。

美国学者罗伯特·麦金托什和夏希肯特·格波特在《旅游学：要素·实践·基本理论》一书中首次提出“旅游文化”的概念，引起学界关于文化旅游的思考和讨论。而在1966年，联合国教科文组织的《信使》杂志在第12期为联合国第一个以旅游为主题的“世界国际旅游年”活动发了专刊，其头条文章的标题是《文化旅游：尚未开发的经济发展宝藏》，首次提出了文化旅游发展的经济意义，当时所强调的是如何通过发展文化旅游业来保护文化遗产和促进当地社区获得经济收入，引发了各国学者对文化旅游的关注。33 年后，联合国教科文组织的期刊《信使》在 1999 年 7—8 月合刊中设定了《焦点》专栏，其标题是《旅游与文化：融合的反思》，讨论在文化旅游发展过程中出现的新问题、案例和解决方案，规范文化旅游的发展。同年 10 月，世界旅游组织发布了《全球旅游伦理规范》，谈到了如何在旅游的发展和融合过程中保护文化。

从前文的论述中可知，旅游活动是一种社会现象，是特殊群体（旅游者）的社会活动及其影响的总和；而文化亦是人类在社会发展过程中创造出来的财富的总和，特别重要的是精神财富。这两种现象同时具有模糊的外延，其内涵又似乎无所不包，很难从自身进行统一的界定。2017 年，联合国世界旅游组织对文化旅游进行了重新界定，认为文化旅游的基本动机是学习、发现、体验和消费旅游目的地的物质和非物质文化景点。文化旅游景点涉及社会独特的物质、文学、精神和情感特征，包括艺术和建筑、历史和文化遗产、烹饪遗产、文学、音乐、创意产业、生活方式、价值体系、信仰等。这一定义也并未真正阐明文化旅游融合到底是什么，但是向人们展示了文化和旅游之间存在着紧密的联系：旅游的过程就是文化传播与推广的过程，文化事业的发展能够激发旅游产品的开发创新。

我国学者关于文化和旅游关系的认识相对较晚，目前比较集中的观点有以下几种：一是“灵魂载体说”，即认为“文化是旅游的灵魂，旅游是文化的重要载体”；二是“诗和远方说”，如张玉玲的《文旅融合：奔向诗和远方》；三是“资源市场说”，如“从经济和产业角度讲，文化是旅游最好的资源，旅游是文化最大的市场”，等等。另外也有学者提出“文旅融合”是一种以传统旅游业为基础的新型“旅游 +”产业模式，推动“文旅融合”发展是满足人民群众消费需求、促进旅游产业与文化产业转型发展的必然选择。

三、文旅融合的维度

在文化和旅游融合的维度上，理念融合、职能融合、产业融合、市场融合、服务融合以及交流推广融合，是业界广为认同的六大融合维度，以此推动文旅资源共享、优势互补、协同并进。学术界也有观点认为，文化和旅游之间存在三个层面的关系，一是文旅产业的“全面融合、一体发展”；二是公共服务的“边界清晰、相互带动”；三是在艺术、科技、法规、政策、管理等方面要“明确主线、强化支撑”。

同时，文化与旅游融合也需面对多种挑战和障碍，具体如利益相关者的目标差异、各级政府之间的协调困难、确保旅游收入流入文化产业、利益相关者之间的文化差异、新技术在文化旅游中的应用、促进文化和旅游利益相关者的接触、建立强大的文化旅游品牌等。

文旅融合，到底融什么？怎么融？这是当前文旅研究领域面临的重大课题。根据国外相关经验，文化和旅游的融合，大多聚焦在文化产业和旅游产业的融合，其基础包括非物质文化遗产、物质文化遗产与当代文化，而主要的融合模式有开发型融合、体验型融合、活化型融合、保护型融合、创意型融合、重组型融合、延伸型融合等。

目前，国内学者对于文化产业和旅游产业融合的方式主要概括为两种：

第一种是文化 + 旅游 = 文化旅游（文化旅游业），也称为“1+1=1”的融合模式。基于文化产业和旅游业的特殊关系，两业融合可形成一个新的旅游业态。这种融合其实由来已久，而且随着时代的发展，经历了多次变化与提升，不断赋予新的理念和内容，形成了多种不同业态和发展模式。世界旅游发展的实践证明，这种融合是非常成功的，并得到了联合国世界旅游组织和联合国教科文组织的认可。文化旅游是一种基于寻求或分享新鲜而深刻文化体验的特殊兴趣旅游，不管这种体验是美学的、知识的、情感的，还是心理上的。文化旅游是以文化作为吸引物的特定旅游形式，其活动与某种文化形态相关联，是文化和旅游融合最为成功的发展模式。

第二种是文化／旅游+其他行业的合作，也就是"1+1=2"的跨界合作。基于文化产业和旅游业均为独立的产业，却又有着突出的包容性，文化产业和旅游业均可以分别与其他产业跨界合作，增强产业自身和共同的发展空间及竞争力。也就是说，文化和旅游的融合是这两个产业实行融合的一部分，是最应当实现融合的方式，但绝非是唯一的方式，无论是文化还是旅游，仍存在许多与其他产业融合的方式。没有必要用"文旅业"涵盖所有与其他产业融合的方式，文化旅游业不是旅游业的全部，自然旅游也是非常重要的旅游方式，同样也能发挥其经济功能和其他功能。

旅游和文化在社会发展过程中都不再是新现象，都有着巨大的发展潜力和广阔的市场，但又都不是纯粹的产业，有着明显的社会功能，具有"事业"属性。同时，旅游和文化的产品也都具有一定的公共产品性质，二者更多是满足人的精神需求，不是必要消费品。文化元素是旅游业和文化产业的共同基础资源，但旅游资源范围更加宽泛，除文化元素之外，还包括自然现象，更具有无限性和不确定性。文化产业发展过程主要是人的创造与加工，人的智力、才能、创造力起着非常重要的作用，一般对原有资源不造成直接消耗，文化产业的发展需要大量的人力资本和金融资本投入。

旅游和文化作为产业，其发展过程中还要与其他各个行业之间相互作用，进而能充分发挥文化在旅游发展中的作用和旅游业在整个社会经济发展中的作用，不应把文化旅游业局限在文化旅游产品或景区建设的简单范畴。正因为文化和旅游有着上述的特性，在文旅融合的维度上，其所涉及的范围才更为宽泛，以文旅产业、文旅市场、文旅服务、文旅交流等为主要融合维度，"以文促旅，以旅彰文"，从理念上打破文旅的边界，才是文旅融合未来发展的正确方向。

第三节　文旅融合的理论基础

一、产业融合理论

传统意义上的产业概念，可视为在一定分工组织下，对应某种特定产出结果的一系列存在共性生产方式的集合。产业融合的出现，一方面打破了这种传统的生产方式与产出结果间单一的对应关系；另一方面，融合使原有的产业分工组织形态发生了改变。产业融合化发展，可以突破产业间的条块分割，加强产业间的竞争合作关系，减少产业间的进入壁垒，降低交易成本，提高企业生产率和竞争力，最终形成持续的竞争优势。

从文旅融合的角度来看，当前文旅融合的基础维度还是文化和旅游产业内容的融合，包括基于产业边界的扩展和分工理论的研究体系。从产业边界的扩展来看，文化产业和旅游业都可以扩展其产业发展的边界，在文化和旅游产业内部进行融合发展，也可分别与其他产业进行跨界合作，增强产业各自发展的空间和竞争力。同时，进一步细化分工内容，从文化和旅游的发展体系中，以社会化分工的手段和方式，强化共享合作，尤其是基于数字经济时代、共享经济时代，以科技创新的手段，拓展“互联网 +”的分工内涵，重塑分工内涵，形成文旅产业融合发展的基础。

二、场景理论

21 世纪前后，以芝加哥大学特里 · 克拉克教授为代表的研究团队提出研究城市发展动力的新范式：基于文化与都市设施对城市发展的影响，提出城市研究的“场景理论”。通常而言，场景包括5个要素：①邻里社区；②物质结构，如城市基础设施；③多样性人群，如种族、阶级、性别和教育情况等；④前三个元素以及活动的组合；⑤场景中所孕育的价值。

场景理论最初是研究场景和城市发展的理论，其是一种全新的区别于传统的停留在土地、资金、技术等生产要素层面研究城市发展的模式。文化场景理论聚焦于城市中一系列文化生活便利设施，以及设施背后所蕴含的文化和价值观，并提出文化场景所蕴含的文化价值观是吸引人力资本、推动文化消费实践，进而重塑城市形态的新型动力。场景不仅强调特定的文化活动具有显著特征的地方，还包括蕴含其中的文化和价值观。在场景理论的研究范式下，场景构成了社会环境的一部分，并通过一定的方式影响公众行为，最终促进城市发展。

该理论把对城市空间的研究拓展到区位文化的消费实践层面，在对一些国际大都市研究后发现，都市娱乐休闲设施的不同组合，会形成不同的都市“场景”。不同的都市场景蕴含着特定的文化价值取向，这种文化价值取向又吸引着不同的群体前来进行文化消费实践，从而推动区域经济社会的发展。这正是后工业化城市发展的典型特点，其重点研究的对象为剧院、影院、酒吧、餐馆以及各种俱乐部等，他们试图探讨这些都市设施是应该向城市中心区域集中，还是分散到城市的郊区，哪个更能推动城市的发展。克拉克研究了音乐、艺术、剧院等所形成的复合体如何促成了都市生活。丹尼尔探讨了后工业社会的城市如何吸引优秀的人才，这些人力资本如何推动城市发展。研究发现，不同的都市便利设施吸引不同阶层的人群：适宜温度、好的天气和安静的山区环境对老年人吸引力较大，而剧院、酒吧、影院和餐馆等区域对大学生吸引力较大。克拉克用便利设施和移民模式来说明城市郊区在政治文化方面发生着深层次变化，同时，强调文化艺术活动促进了当地经济的发展，而消费对城市发展的重要性也开始逐渐超越生产，作为文化活动的载体——都市便利设施，以及由此带来的愉悦消费实践驱动着城市的发展。

场景理论研究的客观结构体系，要依托于具体的文化设施进行综合构建，以消费为基础，以生活文化娱乐设施为载体，把空间看作汇集各种消费符号的文化价值混合体；同时，也聚焦于人们的文化消费行为的选择及背后所体现的文化、情感、态度、价值观等主观认识。通常，主观认识体系由三个主要维度——戏剧性、真实性、合法性构成。其中，戏剧性是关于表演的，而且有一定的表演逻辑，它不是一般和特殊的逻辑，而是内部与外部、传统与反常之间的逻辑；真实性讲述的是个人存在的来源，真实的你来自哪里；合法性关注道德判断的基础，以及作为判断对错根据的权威。

芝加哥学派认为，作为消费者（非居住者或生产者）去“捕捉”个体对周围空间的情感体验，大致可以从三个广义维度去把握。具体来讲，只要我们能够完全理解特定空间里的消费设施蕴含着特定品位和价值，那么，我们对场景的辨认和测量就成为可能。作为消费者有三方面的倾向：①令人快乐的外观（外表），个体自我呈现的方式，即个体努力创造在别人眼中属于自己的形象，即戏剧性；②真实自我与本地风格是否具有同一性，排斥或接受，否定还是赞扬，即真实性；③符合信仰和道德所带来的快乐，当局对个体评价做出错或对的裁决，即合法性。从这个层面来理解城市空间，已经完全超越物理意义，上升到社会实体层面。它引导学者进行理论视角的转移，即由生产转向消费。它把不同社会符号或纽带（邻里关系、阶级、社区等）中的个体（居民与劳动者）看作消费者。正如“社区”这个概念的运用一样，它揭示着个体围绕生老病死展开的各种实践活动组成的符号意义。同理，“场景”这个工具将会揭示各种消费实践活动的符号意义。

第四节　文旅融合的发展路径

一、理念融合

理念是整个文旅融合工作的基础，真正实现文旅融合需要从理念入手，达成共识，实现最大化的融合发展。在具体理念上，围绕“以文促旅”“以旅彰文”与“和合共生”三大理念进行。“以文促旅”是要认识到文化资源是旅游的核心要素，在旅游产品中融入文化元素，使旅游产品内在更加丰富，内涵更加丰满，使人民群众享受到更为优质的旅游服务。“以旅彰文”则是要认知旅游是文化传承与交流的重要载体，通过提供旅游服务，使文化资源得到广泛的传播，扩展文化产品及服务的受众群体和覆盖面，带动文化事业和文化产业的发展，更好地传播中华优秀传统文化、革命文化和社会主义先进文化，不断提升国家文化软实力和影响力。“和合共生”是要理解好文化和旅游两者之间的关系，文化是旅游的灵魂，旅游是文化的载体，两者之间相互交融、相辅相成、互相促进，文化和旅游之间通过相互借力，实现共生发展。

二、产业融合

文化和旅游产业的融合要充分整合两者产业优势，实现精准对接，形成新的增长点和发展方向。原先旅游产业的市场化程度较高、产业发展较快，并形成了较好的产业链和基础，而文化产业则相对起步稍晚，在具体的产业格局方面，也还处于不断探索和发展之中。文化和旅游的产业融合也为各自原先的产业发展模式提供了新的发展契机，旅游产业的内涵将更为丰富，文化产业的外延将更为多元。在文化和旅游产业的发展中，将进一步推动业态融合与产品融合。业态融合将深入运用好“+”模式，即通过“文化 +”“旅游 +”和“互联网 +”等方式，实现文化和旅游以及科技的融合发展。产品融合则是通过对文化资源和旅游资源的挖掘和梳理,运用文化创意的形式,将更多的文化元素融入旅游产品中去，彰显文化特色和内涵，打造集文化创意、休闲旅游、研学游一体化的综合性文化旅游产品，更大程度地满足群众多元化的文化旅游需求。最终形成打造文化和旅游消费的长效机制，培育文化旅游新热点，规范行业发展。

三、市场融合

文化和旅游市场经过多年的发展已形成了一套自有的运行模式，如何将文化市场和旅游市场进行有效融合，形成相互促进的整体，需要从市场主体和市场管理的角度进行整合。在市场主体方面，文化市场和旅游市场主体由于原先各自业务的差异性，在经营及服务的提供上相对独立，随着文化和旅游的融合，各服务主体也需要进行有效融合，融合的方式既可以通过企业间的合并，实现资源整合、业务扩张，也可以通过主体间的合作,构建文化旅游产业链发展模式,形成业务联盟或合作伙伴，打造更富有竞争力和活力的市场主体。同时，在市场监管方面，加大市场主体监管的融合，探索形成文化和旅游市场综合执法力量，加大文化和旅游市场的协调监管，在监管执法中促进文旅市场的有效融合，在市场的融合发展过程中再进一步改进和完善文化和旅游市场的执法监管。

四、服务融合

公共文化服务和旅游服务原先作为相对独立的服务内容，在性质上存在着一定的差异，公共文化服务更多地强调公益性、基本性、便利性和均等性，而旅游服务则更多地体现不同人群的差异化服务。在文化和旅游融合后，两者的服务也将随之发生调整和融合，具体通过公共服务设施、公共服务机构和公共服务资源等方面的融合，实现文旅服务的深度融合；在公共文化服务设施和旅游服务相关设施的配置上形成有效协调与融合；在公共服务机构的建设上充分考虑文化与旅游的需要，通过增加文化内涵和地方特色旅游元素，凸显文化旅游融合发展的魅力；在公共服务资源的配置上，充分考虑文化场所和旅游景区的协同，构建主客共享的服务空间。

五、交流融合

文化和旅游都是交流的重要形式，是地区与地区之间，甚至国家与国家之间增进友谊的重要途径。文化和旅游的融合也使交流主体更加多元，交流渠道更加多样，交流内容更加丰富。在旅游交流中传播文化，在文化交流中做大旅游。文化和旅游的交流融合可以通过各类区域间交流的项目和活动，借助国内外文化和旅游交流机构，深入推动各项交流工作。同时，提升公共文化服务机构、旅游景区景点，以及旅行社、酒店、饭店等的交流沟通渠道和综合服务能力，积极传播本地特色文化和优秀文化，持续扩大本区域文旅资源的知名度和美誉度。

第五节　公共图书馆文旅融合的理论探索

一、保障公共图书馆的文旅融合服务发展的法律环境

保障公共图书馆的文旅融合服务发展的法律政策包括《中华人民共和国公共文化服务保障法》和《中华人民共和国公共图书馆法》。

2017 年施行的《中华人民共和国公共文化服务保障法》中对公共文

化服务提出了明确的要求，要求各地方政府加大力度创建公共文化设施，全面推动优秀文化产业的发展，在此基础上实现全民科普以及阅读；对公益性文化部门来说，在服务内容及项目上需不断完善，为公民提供一系列优惠甚至免费的服务对策；基层文化服务机构需要对优势资源进行有效整合，创建一套科学合理的服务体系，将自身服务职能充分发挥出去，为广大民众提供各种阅读等公共文化服务；地方各级人民政府应当将诸多方式进行结合，结合地方性特征提供有效的文化服务项目。

2018年施行的《中华人民共和国公共图书馆法》明确指出，在社会主义公共文化体系建设过程中，公共图书馆属于不可或缺的关键组成要素，未来的任务就是引导全民阅读，其中公共图书馆发挥着相当重要的作用，它肩负的重要任务就是推广全民阅读，让全民都有机会享受阅读、爱上阅读。另外，其中提到“设立的公共图书馆应当将配套设施进行完善，加大数字化资源的创建力度，通过线下线上融合的方式进行信息共享，为社会公众提供优质服务”。当前的公共图书馆应该跟上技术和时代发展的脚步，不只停留在线下图书，还应在线上建立文献信息共享平台，从传统图书馆走向未来图书馆。

综上所述，在文旅融合的背景下以及社会主义公共文化体系建设过程中，公共图书馆属于不可或缺的关键组成要素，责任重大，要全面参与到公共文化服务体系中，这也为公共图书馆和旅游行业融合提供了机会。

二、技术环境对公共图书馆文旅融合服务的影响

现代科学技术也将与公共图书馆紧密结合，推动数字图书馆平台和智能化服务建设。例如，广东与天津、山东等多省份公共图书馆展开长期合作，创建了新的文献上传方式，做到了咨询方面的无缝对接，并且使公共图书馆覆盖全国所有省份。

人工智能产业规模不断壮大，在语音识别、机器视觉、自然语言处理、智能服务机器人、智能无人机等重点细分领域大有作为。国家图书馆在部分阅览室启动人工智能服务、人脸识别借书等措施。例如，读者在完成人脸数据采集后，可通过人脸扫描进入中文图书阅览区，也可“刷脸”借书。在5G解决万物互联问题后，为智慧图书馆带来的服务是无感借阅、超清全景互动直播、智慧书房、精准推送、区域联盟服务协同等智慧图书馆的5G应用场景。

三、我国公共图书馆文旅融合服务发展实践概况

（一）“图书馆＋研学”紧密结合，成为新的学习方式

为推进公共图书馆向大众进一步开放，探索文化旅游融合发展新举措、新载体，近年来开始兴起研学旅行模式。“研学旅行”既包括游览、观摩，也包括深度学习、交流，是当代教育和旅游结合的新模式。

公共图书馆研学旅行服务给予中小学生一种新的学习方式。各个地区的图书馆积极开展研学旅游项目，设置环节丰富、内容充实的研学旅游，更多充实丰富的研学旅游项目正在规划中。国外图书馆开展的研学旅行服务形式多种多样，受到民众的热烈回应和积极参与，研学旅行服务为国内图书馆带来了一个发展的方向，让图书馆真正成为城市文化服务者。

（二）“图书馆＋民宿”深度融合，增添民宿的文化底蕴

民宿属于国家倡导的旅游住宿新业态，由民众自主打造，将空余的房屋打造成“梦想住宿屋”“旅游休憩地”，众人发挥自己的想象空间，将打造的民宿以独具特色的面貌呈现给游客。当游客在旅行中，厌倦了千篇一律的酒店式装修后，对民宿的期待越来越大。一些民宿设置在深山、海边等地区，风景美丽，游客搬进这类民宿后，可以不出门尽享风光。民宿在未来的旅游业中还将继续发展。各地图书馆正是看中了民宿行业

的发展潜力，既让游客在民宿中体验到图书馆的服务，也增添民宿的文化底蕴。该模式体现了公共阅读服务下沉，有利于推进全民阅读。

（三）“图书馆＋网红”打造景点，吸引诸多游客前往

近几年，“阅读”成为一种时尚新风向。“腹有诗书气自华”被越来越多的人认可。政府和社会开始关注图书馆事业的发展，图书馆成为彰显一个城市气质的地标之一，许多城市看重当地图书馆给城市带来的价值，因此许多城市建成了一批批建筑规模宏大、设计独特、融入新元素的图书馆楼宇。

“图书馆＋网红景点”模式吸引了诸多游客前往观光、阅读，图书馆成为当代“时尚场景”，令众多民众向往。阅读活动不再是单一的翻书，而阅读场景使阅读行为更加丰富和理想，不仅带领当地民众发起全民阅读活动，也吸引游客前往体验。游客在旅游过程中渴望体验文化，因此会将网红图书馆当作旅行目的地。

第五章　文旅融合背景下的公共图书馆的智慧服务

第一节　公共图书馆智慧服务的内涵释义

目前，关于智慧服务现阶段的研究开始涉及智慧图书馆的本质追求，更多地注重发展理念的创新与信息技术支撑下的“智慧服务”，而多数研究的主要目的是分析用户信息需求，构建个性化知识推荐服务体系。智慧图书馆所提供的智慧服务将具有场所泛在化、空间虚拟化、手段智能化、内容知识化、体验满意化等特点。图书馆知识服务是顺应知识经济时代发展的服务，建立在智慧基础上的知识服务是推动知识开发、知识应用的重要因素，是知识服务的高级形态。

在智慧图书馆环境下，图书馆服务的台阶应该增加一个，即第四个——智慧服务。

一、智慧服务提出的背景

20世纪初，社会生产力的发展只有5%依靠科学技术进步，到20世纪末，发达国家的这一比例已达到70%～80%。进入21世纪，科学技术作为第一生产力已经越来越得到充分的体现，经济的发展比以往任何时候都更加依赖于知识的生产、扩散和应用。知识在现代社会价值创造中的功效已远远高于人、财、物这些传统的生产要素，成为所有创造价值要素中最基本的要素。知识与经济的紧密结合标志着知识经济时代的来临。

在知识经济时代，图书馆服务的模式应该是基于信息资源的知识挖掘以及具有用户需求分析功能的专家式的系统服务，即知识服务。图书馆服务的发展是在不断提升的，其有三个台阶：一是文献服务，二是信息服务，三是知识服务。这一路径反映了服务从依赖资源、技术与工具转变为越来越依赖图书馆人的智慧。而基于图书馆馆员智慧的知识服务可以称为智慧服务。

二、智慧服务的概念

智慧是对事物能迅速、灵活、正确地理解和解决的能力。智慧在经济领域又称为创意，创意是创意产业发展的支撑点。创意产业指运用创造性智慧进行研究开发、生产交易的各种行业和环节的总和。例如，杭州智慧园作为智慧产业综合门户网站，致力于建设环球智库，发掘过剩智慧和稀缺智慧的价值，即汇聚全球各个领域、各个层次的专业人才，利用他们的过剩智慧或稀缺智慧为广大中小企业和各级政府提供省钱、省时、省心的难题攻关和一般智慧任务一揽子解决方案，确保智慧需求方和智慧供应方都能从过剩智慧或稀缺智慧中受益。从这个例子中我们可以得到这样的启示：知识经济时代，社会发展、产业发展不仅需要信息、知识，更需要智慧。智慧是推动知识转化为生产力、实现知识价值化的重要力量，是国家创新产业发展的源泉。

智慧既是在知识的基础上运用知识而创造新知识的过程，也是运用知识解决新问题的过程。在这个过程中，知识的有效获取是前提。图书馆是人类社会的知识中心，是知识汇聚和传播的重要场所，能帮助知识用户在知识应用过程中创造新知识、解决新问题。这种智慧服务不是提供图书馆的信息服务就能实现的，必须依靠图书馆创造性的知识服务，或者说是依靠图书馆智慧的知识服务。智慧服务就是指建立在知识服务基础上的运用创造性智慧对知识进行搜寻、组织、分析、重组，形成实用性的知识增值产品，有效支持用户的知识应用和知识创新，并将知识转化为生产力的服务。图书馆智慧服务与经济领域的创意服务具有相似性，但其关注的是通过知识产品的服务给知识用户带来现实的经济效益或社会效益，实现知识产品的增值，并推动社会进步和生产力的发展。

三、知识服务与智慧服务的关系

智慧来源于知识。知识是对信息的使用、归纳与演绎、分析与综合等逻辑思维方法进行处理的产物，是人们认识和经验的总结，是抽象和逻辑的东西，必须经由人的大脑才能产生、识别和加以利用，而智慧则是为达到目标而运用知识的能力。智慧在于创新，可以从无到有地创造或发明新的东西；智慧在于发现，可以发现虽然本来就存在但还没有被认知的东西。

知识服务是智慧服务的基础，智慧服务是知识服务的升华。知识服务以信息的搜寻、分析、重组的知识能力为前提，从各种显性和隐性信息资源中对有关信息内容进行筛选、分析、组织、重组，产生或形成有针对性的新的知识产品的服务；而智慧服务则是建立在知识服务基础上的专业化的创造性服务模式。知识服务侧重于知识组织、知识共享、知识传递，而智慧服务的重点是为知识生产、知识开发、知识创造服务。知识服务注重知识的整合与知识导航，而智慧服务注重知识的价值实现、知识转化为生产力，通过智力和专业能力为用户创造价值，通过显著提高用户知识应用和知识创新效率来实现价值。知识服务是智慧服务的前提和基础，智慧服务的根本特征是实现知识增值。从创造价值的角度来说，智慧服务提升了知识服务的内涵，是知识服务的升华。

四、智慧服务的特征

印度著名图书馆学家阮冈纳赞在其著名的《图书馆学五定律》中提出“书是为了用的”“每位读者有其书”“每本书有其读者”“节省读者的时间”“图书馆是一个生长着的有机体”，明确了图书馆的核心定位就是开发人的智慧、陶冶人的情操、启迪人的心灵，最大限度地满足人们日益增长的精神文化需求，使人们能够充分利用自己的智慧更好地服务于社会，创造更多的物质财富和精神财富，使人类社会更加文明、和谐、昌盛。智慧服务是图书馆实现其核心定位最根本、最有效的途径。

与以文献载体为主的图书馆文献服务、以信息传播为主的图书馆信息服务、以知识传播为主的图书馆知识服务相比，图书馆智慧服务是以用户的智慧生成过程为中心，致力于培育用户驾驭知识、运用知识和创新知识的能力，进而实现智慧创造。图书馆知识服务是智慧服务的前提和基础，而图书馆智慧服务是图书馆知识服务的深化和升华。

图书馆智慧服务有以下几个基本特征：

（1）公共性。公共性是指其服务对象是面向广大群众的。图书馆本身就是一个公共服务机构，是政府为了方便大众更容易地获取知识而建造的，它的终极目标就是尽一切可能满足社会公共需要，确保所有大众都能享受到图书馆为他们提供的人性化、无偿的智慧服务。

（2）智慧性。首先，智慧性就是通过智能技术建设智慧图书馆，拓宽图书馆本身的资源，让用户在图书馆的任何角落都能享受到方便、快捷的智慧服务；其次，智慧性也指最大限度地对图书馆内的所有文献资料重新进行知识挖掘并将重新获得的新知识传递给用户，做智慧的引领者、普及者、推动者与启迪者。图书馆所提供的服务是在文献服务、信息服务、知识服务基础之上的智慧服务，图书馆充分发挥其客观知识的拥有者、整合者、启发者的核心作用，帮助用户在知识应用的过程中创新知识、提升智慧。

（3）服务性。图书馆的最大职能就是服务，智慧服务摒弃了以前传统图书馆的被动服务方式，取而代之的是主动服务。图书馆员应该主动、积极、热情地与读者沟通，为读者推荐适合其阅读的资源，悉心听取读者的意见，最后真正实现阮冈纳赞五定律，将读者、图书馆馆员、资料融为一体，形成真正意义上的智慧服务。

（4）资源丰富性。图书馆必须通过物联网、云计算等先进的信息技术，掌握丰富的信息资源，包括纸质资源、数字资源、网络资源等。

（5）管理集群化。图书馆通过集群化综合服务平台实现知识的共建性整合、集约式显示、便捷性获取、无障碍转换、跨时空传递等。

（6）服务协同性。服务协同性包括行业协同、地区协同、国家协同、全球协同等，在系统的项层设计上整体推进，使资源由分散趋向集约、由异构趋向统一，克服资源在布局上各自为政、分散管理和重复建设的弊端，实现智慧图书馆的管理使命。

智慧服务的目的在于通过知识运用和知识创造实现知识产品的增值效应而在智慧服务过程中，团队智慧显得尤为重要。通过智慧团队的智慧服务必然能够提高用户智慧团队的创造性，进而促进生产力的发展，为知识用户带来巨大收益。智慧服务的特征是以知识运用能力为核心、知识创造为本质、知识团队为服务对象。

五、智慧服务的核心

知识有五种演进层次，即从“噪声”中分拣出数据，转化为信息，升级为知识，升华为智慧。数据是最原始的信息表达方式，信息是有价值的数据，知识是用于解决问题的结构化信息，而智慧则是为达到目标而运用知识的能力。也就是说，信息来源于数据，知识来源于信息，而知识则是智慧的基础。在知识传播过程中，信息、知识、智能三者之间是一个相互转化的过程，即“信息是基本资源；知识是对信息进行加工所得到的抽象化产物；智能是利用信息资源加工生成知识，进而激化知识生成解决问题的策略信息，并在策略信息引导下具体解决问题的能力。信息、知识和智能在整个信息过程中的地位以及它们之间的相互关系正好符合人类认识自身世界和优化世界活动过程中由信息生成知识、由知识激活智能的过程”。智慧服务的显著特征就是知识的运用，核心是运用知识解决问题的能力。

六、智慧服务的本质

在图书馆学的认知中，关于图书馆智慧服务的本质大概分为以下三个方面，即技术智能性、知识性和人文性。

技术智能性的智慧服务强调图书馆的智能技术，在这个智能技术发展如此之快的今天，没有技术的支持是万万不能的。在图书馆由传统图书馆发展到数字图书馆的过程中，图书馆服务方式的不断变化，处处离不开技术的支撑。尽管技术上的升级更新在图书馆的发展中扮演着重要的角色，但应该避免刻意夸大技术的重要性，因为它再怎么重要，提高的只是图书馆设备的智能性，服务方面的智能性还要靠图书馆馆员的共同努力才能完成。图书馆是用来服务大众的，技术只是一种服务的手段或方式，是最基本的图书馆服务形态。

知识性的智慧服务就是更高级的知识服务，且具有知识的创新性，并将这种智慧服务作为未来图书馆服务的核心。

人文性的智慧服务意指通过提高图书馆馆员的人文智慧来提升图书馆自身的人文智慧从而吸引更多的读者，并挖掘出潜在的读者。通过提高图书馆馆员的人文智慧并且加强他们的知识储备才能更好地为读者提供智慧服务，才能使图书馆更智慧地运转。图书馆的存在就是为了服务于全人类。在智慧图书馆中，应该摒弃以前传统的被动服务模式，为用户提供更智慧的服务，通过智慧服务，真正体会到“人守其学，学守其书，为人找书，为书找人”的乐趣和意义。

综上所述，智慧图书馆的知识服务应该在强调技术智能性和知识性的基础上，将重心放在人文性和人性化上。馆员应该提高自己的心智，提升自己的知识素养，运用自己的智慧与用户进行交互和沟通，让用户在图书馆既能找到自己所需的物质资源，也能寻找到一份宝贵的精神资源。馆员与用户之间的交流、合作也能提升彼此的智慧。

七、智慧服务的主客体

将知识转化为生产力的过程必然是集体的过程，而不仅仅是个人的努力，因而智慧服务强调团队观念，提倡团队意识，开展团队服务。它包括两个方面：一方面是知识组织者的智慧团队，另一方面是知识用户组成的智慧团队。

知识组织者的智慧团队是指图书馆知识工作者（也可以是其他信息机构）组成的具有较高的信息技术能力和知识开发能力的团体，即智慧服务的主体。其特点一是依靠团队力量来组织知识生产和提供智慧服务；二是加入用户团队，作为用户团队处理信息、应用知识、解决问题的内在成员来进行智慧服务。由于图书馆工作者本身的知识结构缺陷，要完成智慧服务有其局限性。知识组织者可以渗透到用户团队中，作为用户智慧团队的成员提供知识服务，将知识智慧贡献给知识用户团队，从而实现智慧服务，这是一个不错的选择。例如，国家科学图书馆按照“统筹规划、分工负责、协同保障”的思路，建设了体系化、层次化、协同化的全馆战略情报研究团队，覆盖科技创新的主要学科领域。团队主要分为 4 个层次：宏观领域情报团队（战略决策情报中心、科技政策情报团队）；科学领域情报团队（基础科学、资源环境科学、生命科学、战略高技术）；科技创新基地领域团队（1+10 科技创新基地团队）；学科情报研究组（科技评价组、情报技术平台组等相关团队）。

知识用户的智慧团队是指图书馆知识工作的服务对象，即智慧服务客体，包括政府或企业决策机构、科学研究课题组、企业产品研发团队、专业社会团体等。知识用户团队本身也是知识工作者，其知识工作的本质就是知识创造。在知识经济时代，技术进步的速度大大加快，知识团队在知识创造中的作用日趋明显。一方面，由于社会分工的精细化和专业化，个体知识用户的知识积累在加深的同时广度却在缩小，而知识创造活动需要多种知识的融合，使得个体之间协作开展知识创造成为需要；另一方面，现代社会中知识创造活动复杂、创造成本高、创造风险大，单个知识用户很难独立完成知识创造活动。形成知识团队在知识创造、技术创新中具有重要的意义。

由此不难看出，智慧服务的主客体都是知识工作者，也就是运用知识进行知识发现、知识创新的人组成的团队。两者的结合形成知识创造能力的互补，必然产生更大的创造力，进而实现在原有知识基础上的知识增值。

八、智慧服务的内容

建立在知识服务基础上的智慧服务，关注的是知识转化与应用，因为知识本身并没有价值，它的价值体现在知识运用的过程之中。在信息社会中，图书馆服务的目的就是要实现“用知识和智慧创造价值”。创造价值的过程就是知识转化和运用的过程。目前，图书馆智慧服务的应用尚处于初级阶段，主要有以下三个方面。

（一）决策支持

为知识用户团队提供决策支持服务是信息服务机构的基本内容。从我国来看，社会信息咨询机构发展缓慢，大多数中小企业缺乏研究团队，而图书馆具有专业的情报服务能力，能够为知识用户提供决策支持服务。

为知识用户提供决策支持的主要形式是专题服务，即通过对特定内容的信息、知识的加工、分析、挖掘，形成专业的知识产品，为政府、企业、社会团体的决策提供智力支持，包括专题社会信息服务、专题产业分析报告、专题行业资讯等形式。

提供决策支持不能仅仅是提供信息层面的服务，还应该是元数据挖掘与分析基础上的创造性服务。数据挖掘也称知识发现，是从数据库中获取人们感兴趣的知识，这些知识是隐含的、潜在的。数据挖掘技术通过从数字图书馆、数据仓库和浩瀚的网络信息空间中发现并提取隐藏在其中的信息，帮助信息用户（决策者）寻找数据间潜在的关联，发现被忽略的要素，而这些信息对预测趋势和决策行为是十分有用的。只有立在数据挖掘基础上提供知识产品，才能将图书馆智慧转化为决策智慧，为知识用户提供决策支持服务。

（二）科学研究

科学研究是知识发现、知识创造的过程，即知识生产过程。知识生产是人们在物质生产过程中发明、发现、创造各种物质运动转化的条件及能量来源的思想观点、方法、技巧等的过程。为科学研究提供智慧服务，是图书馆知识服务的核心。

研究型知识用户是知识需求的主体，其需求是反映国内外有关课题的历史状况、当前水平和未来发展趋势等的综合性知识。他们所需要的不是一个个信息片段，而是精炼、浓缩的系统化知识。在不同的研究阶段，他们需要不断地获取与课题有关的大量系统知识及实验数据。为此，图书馆智慧服务团队可深入某一学科、某一研究项目中，配合研究型知识用户，从课题立项到成果鉴定，进行全程跟踪服务。同时，对该研究项目学科的相关知识、成果评价的知识、权威信息源或载体的知识等进行描述、评价和提示，对专业数据库进行智能类聚和链接，对口提供专业细化、面向课题的个性化专题知识服务。此外，图书馆智慧服务团队还要为研究型知识用户提供各个学科领域的最新研究动态、各个学科当前以至将来的研究热点，预测学科的发展方向，提供学科研究的核心信息源。为科学研究提供智慧服务的关键在于知识挖掘和专业分析。不同专业领域都有其特定的专业数据库，如化学专业的化合物数据库，将这些专业数据库与文献数据库通过标注描述建立映射关系，可以实现知识的发现。

（三）产品研发

产品研发是指各种研究机构、企业为获得科学技术（不包括人文、社会科学）新知识，创造性运用科学技术新知识，或实质性改进技术、产品和服务而持续进行的具有明确目标的系统活动。产品研发一般指产品、科技的研究和开发。研发活动是一种创新活动，需要创造性的工作。其中，技术研发是指为了实质性改进技术、产品和服务，将科研成果转化为质量可靠、成本可行、具有创新性的产品、材料、装置、工艺和服务的系统性活动。产品研发水平是衡量一个国家创新能力的重要指标。产品研发的前提条件包括研发团队、研发经费、研发信息等。研发团队成员一般具有高学历，而且具备将知识转化为生产力的运作能力；研发经费是产品研发的必要条件；研发信息则是产品研发的基础，三者缺一不可。

图书馆为产品研发提供的信息包含基础知识信息和专业知识信息。基础知识信息属于知识服务的范畴，专业知识信息属于智慧服务的范畴。

基础知识信息是研发所需的有关技术经济信息、经济决策信息、管理信息、市场供求信息、政策措施、实践经验、热点问题、同行企业的发展态势、经营管理、科技发展、新产品开发和市场占有率等信息，为企业生产和决策服务。专业知识信息则是系统化、创造性的信息。从知识管理角度来看，新产品研发过程就是知识共享、知识转化、知识创造的过程。对于国内外大型企业而言，实现新产品研发领域知识的管理，特别是研发知识资源共享和共用，是新产品研发知识管理系统的首要任务。然而，当前还没有形成统一标准的知识管理系统模型框架。目前已有几种比较典型的知识管理系统模型，如基于多代理人的系统模型、基于舱结构的系统模型、基于统一建模语言的集成化系统模型和基于“社会—技术”双视角的系统模型等。但对于大多数中小企业而言，仍存在建立知识管理系统条件不足的问题。

图书馆智慧团队应该充分利用自身的知识智慧，主动嵌入企业产品研发团队，提供知识产品服务。采取构建产品研发信息交流协作空间、个人知识库、机构知识库、专题知识库、学科知识门户等形式，通过知识服务，推动产品研发团队的知识共享、知识转化、知识创造，促进企业的创新能力提升，提高知识转化成现实生产力的能力和效率。以上海图书馆为例，其提供的企业服务主要有：①企业技术战略和规划研究；②知识产权保护系列咨询服务及其战略研究，侵权调研与分析；③行业调研、市场调查、产品定位、商业机会分析；④科研成果、立项、专利、新产品等查新与评价；⑤企业综合性的个性化情报服务；等等。

智慧服务要求知识服务精品化。对于产品研发团队来说，他们已经不再满足于为其提供一般性知识服务，而需要提供解决问题方案的核心知识内容。这就要求将分散在该产品领域及相关领域的专业知识加以集成，从中提炼出对研究、开发与创新有用的“知识精品”供其使用，帮助其寻找新知识的生长点，激发知识创新的灵感，促进主观知识（隐知识）向客观知识（显知识）的转化运动，缩短技术创新周期，提高技术创新水平，增加人类知识总量。为此，图书馆智慧服务团队应贯穿于用户解决问题过程的始终，提供从知识捕获、析取、重组、创新、集成到应用的全程一体化服务。

第二节　公共图书馆智慧服务途径及其构建

一、多时间、多空间的图书馆服务途径与构建

多时间、多空间的图书馆服务是现代图书馆的基本服务形式，也是智慧图书馆的基本内涵要求之一。智慧图书馆除为用户提供基于传统的物理图书馆建筑进行的基本书籍借阅等服务外，还能提供延伸空间与时间的服务。“三网融合”也为这种延伸提供了便捷支持条件。利用网络、电视、新媒体享受基本的图书馆服务不再是难题，网络图书馆、手机图书馆、24 小时自助智能图书馆保证了全天候的多时间服务。智慧图书馆在多时间、多空间的服务途径构建中，一方面需以实体的物理图书馆为阵地，增加以阅读活动、信息服务等为主要内容和主题的活动；另一方面需增加手机图书馆、网络数字图书馆、24 小时自助图书馆等服务平台，延伸和丰富图书馆的服务载体，使用户在任何时间（包括白天、晚上、节假日）、任何地点（如办公室、家里、地铁）都可以通过图书馆实现信息的获取与利用。可喜的是，目前，我国越来越多的图书馆建设了网络图书馆、数字图书馆和手机图书馆。随着社会生活节奏的加快及信息价值的进一步显现，企业也敏锐地觉察到了民众信息需求的迫切性，开展了诸多的图书借阅服务，如中信出版社所推出的“云端图书馆”。这些方式新颖、服务贴合实际、创建主体多元的服务方式也都进一步阐释了智慧图书馆的多时间、多空间服务内涵特征。

二、以人为本的图书馆服务途径与构建

以人为本是智慧图书馆的另一大主要内涵，特别是随着近年来信息

技术的发展及应用，越来越多的图书馆注重技术在服务与建设中的实践，提高了图书馆的服务水平和效率，但在具体的发展中，很容易走入重视现代生活元素而忽视传统人文特色的歧途，如在馆舍建设、资源构建方面走铺张浪费道路，重馆舍面积及馆藏数量而轻服务等，导致图书馆社会文化传播、研究、储存的本职功能未能真正发挥该有的作用。智慧图书馆在以人为本的服务途径构建中，应重视原有的传统服务优势，充分发挥馆员及馆藏优势，开展如特色馆藏服务、学科服务、信息咨询服务、数据挖掘等通过人和信息相互结合而发挥作用的嵌入式、专业化服务，使图书馆真正成为社会知识组织、研究与服务的中心。2000 年始于丹麦哥本哈根、2008 年进入我国的“真人图书馆”，就是现代图书馆以人为本服务的一大创新典范，值得各个图书馆在实践中借鉴。

三、高度智能的图书馆服务途径与构建

智慧图书馆强调图书馆的高度智能与智慧管理。在高度智能方面，信息技术及系统的发展促使管理系统广泛应用于图书馆的资源、人力、财务管理等各个领域，为图书馆智能化的资源定位、智能化的资源推送、智能化的资源定制、智能化的资源管理、智能化的办公等提供了条件和实现的可能。在智慧管理方面，图书馆管理者既需重视文献资源的收藏、研究与利用及客户知识的挖掘、组织与服务，也需重视图书馆在社会文化建设中的社会责任；既需重视读者用户的服务环境、服务效率与服务水平建设，也需重视将读者吸引、融入图书馆建设中作为图书馆可持续发展动力与要素的作用。智慧图书馆在智能化服务的实现途径构建中，可主要以实现智能化的图书存放与调度系统、智能化的图书馆安防系统、智能化的服务环境调节系统（如灯光调节、温度调节等）、智能化的信息管理系统（如个性化知识的智能化抓取、组织与推送等）为突破口，运用智慧管理，推动智慧图书馆对现代图书馆进行一场发展理念、服务

技术、管理形态的全新革命。

四、基于“第三空间”理念的图书馆服务途径与构建

随着全媒体时代的到来，人们更加强调图书馆的文化休闲作用，图书馆将从传统的以书为中心转变到未来的以人为中心，以实现阅读、休闲功能的“第三空间”为共识。“第三空间”这一词也准确表达了近年来人们对图书馆特别是公共图书馆的建设愿望。“第三空间”所反映的图书馆休闲理念也是智慧图书馆的主要理念之一，因为智慧图书馆也强调图书馆的休闲功能。智慧图书馆在基于“第三空间”理念的图书馆服务实现途径构建中，可以将增加图书馆的咖啡屋、音乐室、文化活动室等作为主要方式来实现，再通过营造舒适的人文、绿色、休闲环境来凸显图书馆的休闲氛围，使读者在休息中阅读、在阅读中休息。

五、基于资源共享、集群发展要求的图书馆服务途径与构建

信息社会海量的信息以及用户信息需求的复杂多样对现代图书馆资源建设提出了挑战，而网络信息技术的发展为资源的共享提供了条件。走资源共享道路、构建地方公共图书馆服务体系也因此成为近年来我国公共图书馆的发展趋势之一，总分馆、集群式、联合发展等资源共享模式已在我国东部沿海城市的公共图书馆中得到实践。智慧图书馆的服务模式是一种新型的以知识和信息共享整合、便捷利用、多维度服务为主的服务模式，资源共享与集群式发展是智慧图书馆的一大主要特征。智慧图书馆在基于资源共享、集群发展内涵要求的服务实现途径构建中，需在借鉴已发展成熟、国内迅猛发展的总分馆等建设模式基础上，总结、分析自身的特殊性与差异性，因地制宜，找到一条适合自己发展的资源共享、集群管理发展模式。

第三节　公共图书馆智慧服务系统的基本构成

图书馆智慧服务系统由信息资源采集、处理、加工整合、最终的服务系统构成，即由智慧信息采集系统、智慧资源加工系统、智慧信息整合系统、智慧化服务系统构成。

一、智慧信息采集系统

信息的采集是图书馆开展服务工作的前提和基础，图书馆的智慧信息采集系统首先对感知对象进行主动知识描述，通过信息的全面感知，将信息、读者、图书馆连成一个循环的整体，实现三者之间的两两互联，并最终将这种感知触及全社会。智慧信息采集包括对读者身份信息的采集和对读者需求信息的采集。

（一）读者身份信息采集

读者的身份信息包括读者的基本信息，如年龄、性别、职业等，阅览信息，如借阅信息、到馆次数等。图书馆把这些信息收集起来形成读者信息库，并随着到馆情况的变动，对信息进行及时更新。

（二）读者需求信息采集

读者需求信息采集是立在对读者身份信息分析的基础上，针对不同的群体需求特色采购不同的信息资源，基本分为纸质资源和电子资源。纸质资源除了采购普通的书籍之外，还应当购入少儿图书和盲人书籍；电子资源除了数据库，还应当有各种光盘、音频等音像资料，以照顾到不同群体的需求。

二、智慧资源加工系统

采集完读者的信息之后，需要对读者的需求信息进行加工处理，以形成与之相适应的信息类型，这就涉及图书馆的智慧信息加工系统。市场上的信息加工系统有清华同方的 TPI、北京金新桥的 TBS、浙江天宇的 CGDMS、北大方正的 Apabi、北京拓尔思的 TRS 等。具体来说，这些系统的主要工作流程如下：首先对文献信息资源予以数字化转化，并进行标识；其次，对形成的数字化内容进行校对；然后，对校对后的内容进行数据加工和编目；最后，把完成的内容存储到智慧系统中。

以上是对针对文献信息的加工。针对电子信息资源的加工，如录像带、光盘、磁盘等，需要专门的非书籍资源管理系统。市场上的这类系统有杭州麦达的“非书籍资料管理系统”、江苏汇文开发的“非书籍资料管理系统”和南京昂科公司开发的“非书籍资料管理系统”等。需要注意的是，针对不同的用户群，需要不同的信息加工形式。

三、智慧资源整合系统

加工后的信息通常具有多样性、杂乱性、无序性等特点，因此需要经过整合形成直接供读者使用的“良构”信息。智慧资源整合系统通过互操作和结构化这两种技术可以将散乱的信息转化为有序的信息资源。其中，互操作技术解决异构资源互联的问题，包括智能 Agent（代理人）技术、搜索引擎技术、数据挖掘技术、知识管理技术等；结构化技术解决数据的“优构”问题，包括元数据技术、Ontology（本体）、中间件技术等。

智慧信息整合系统通过对信息资源的分类、评价、标引、建库等步骤形成一个结构化数据库，读者通过检索平台可以浏览或查找到需求的相关信息，这也是当前公共图书馆资源建设的重要方式之一。市场上目前也有一些资源整合系统，但大多都存在准确率差、覆盖率低等缺点。智慧信息整合系统利用 Agent 的自主性、智能性等特点，针对上述问题，提供了一个改进方案。

智慧资源整合系统的工作由以下几部分组成：

（1）网络信息采集 Agent。网络信息采集 Agent 采集读者的信息和网络信息，形成读者信息库，并根据网络信息和读者信息的变动，保持读者信息库的及时更新。

（2）信息评价 Agent、信息标引 Agent、信息分类 Agent。信息评价 Agent 对采集到的信息进行评价，并将符合检索要求的信息归入到已评价信息库；信息标引 Agent 对已评价信息进行标引，并存储到已标引数据库；信息分类 Agent 对已标引的信息进行分类，并存储到已分类数据库中。

（3）控制调度 Agent。控制调度 Agent 对所有的 Agent 统一调控，并对已分类信息的敏感关键词进行过滤。

（4）信息发布 Agent。信息发布 Agent 把控制调度 Agent 过滤的信息发布到图书馆的信息检索平台。

四、智慧服务系统

将信息整合为有序的“优构”信息后，就可以存储到智慧服务系统中。图书馆智慧服务系统主要分为离线部分和在线部分。离线部分主要用于挖掘和处理数据，因为需处理的数据源海量复杂，会影响推送的实时性，因此将其设为离线部分。离线部分由目标用户和相似用户的信息行为数据组成。目标用户的组成要素包括用户属性、行为日志和资讯信息。用户属性（职业、年龄、兴趣、性别）构成用户文件，供在线信息推荐时采集。资讯信息指图书馆发布的诸如图书借阅榜、数据库查询的高频资源等信息，通过内容分析引擎，挖掘出一段时间内图书馆的热点信息资源。

行为日志表现为用户的浏览记录文件，通过对用户浏览记录的关联分析，得出信息的关联规则。通过协同过滤算法计算出相似用户，由于相似用户与目标用户有相近的兴趣爱好，对相似用户的分析有助于目标用户信息的精准推荐。在线部分是在离线部分的基础上运作的，参照离线部分建立的知识库对不同用户的查询请求，均实时且准确地将检索结果推送给用户。在线部分直接服务于用户，最终影响服务效果，因此是关键环节。模型运作的具体过程为：图书馆服务器接收到用户的查询请求后，推荐系统先获取用户的个人文件，分析用户的专业兴趣等，生成一个初步结果集，然后将该结果集与离线部分的“热点信息”“关联规则”和“相似用户的偏好集”结合，并过滤去重，在图书馆资源中进行匹配查询，然后将查询结果推送给用户。

第四节　公共图书馆移动服务与泛在智慧服务的建设

一、移动服务建设

进入 21 世纪后，随着互联网和信息技术的发展，移动服务方式从短信服务发展到网站服务，再到移动 App 服务，服务载体从普通手机发展到智能手机、电子阅读器、平板电脑等，使用户可以随时随地接受图书馆的数字化服务。总的来说，移动服务是图书馆事业上的一次移动革命。

智慧图书馆广泛互联互通的特点，使其能够实现手机、阅读器、IPTV（互联网协议电视技术）等之间的无缝对接。以手机、平板电脑等移动设备为载体的手机图书馆，通过无线上网进行信息的双向传播。基于 4G、5G 手机高速浏览网页的功能，图书馆与数字图书馆之间可实现连接；借助移动短信咨询平台、移动阅读和交流平台，以及网络信息浏览平台，为读者提供书目查询服务，图书的续借、预定和到期提醒服务，以及参考咨询、读者荐购、个性化定制、移动阅读等服务。读者可以使用手机进行操作，随时随地进行书目检索、图书预约续借和到期查询、获取图书馆的公告信息和讲座预告信息，简单方便。通过相应接口的开发，利用数字图书馆与数字电视的交互，实现二者的互联。用户在家通过电视就能对图书馆的图书进行预约、续借，查询借阅信息等操作，还可阅读馆藏电子书刊、观看视频公开课资源。

二、泛在智慧服务建设

图书馆文献服务是以文献载体为主的，图书馆信息服务，是以信息传播为主的，图书馆智慧服务是以知识传播为主的。相比之下，图书馆智慧服务以用户的智慧生成过程为中心，以智慧创造为目的，培育用户运用、创新知识的能力，根据用户的需求偏好、心理认知，为其提供个性化服务。例如，图书馆用户进行资源检索时，图书馆不仅能反馈原始信息，还能快速分析检索结果，组织成综述、研究报告，供用户参考使用，并能按照用户需要的格式从多种形式的用户终端导出。

泛在网络环境下的图书馆，一改传统服务模式的局限，使服务定位从用户的角度出发并进行服务拓展，重点提高信息资源占有率、信息检索效率，更重视用户的个性化需求。智慧图书馆将服务融入学习和科研中，通过移情感知获得用户的原始数据，利用数据挖掘技术获取隐性知识，主动为用户提供个性化、集成化的泛在服务。

情景感知服务。移动环境中，通过智能终端，使用移动传感设备，如 RFID（射频识别技术）、蓝牙、GPS（全球定位系统）等，采集读者的原始情景信息；通过读者登录时的账号，感知和捕捉其所处位置、借阅记录和偏好等的动态信息，并进行分类和过滤处理。

订制服务 / 聚合服务。订制服务，是基于 RSS（服务信息聚合技术）开展的个性化服务。RSS 具有过滤信息、聚合信息、推送信息的功能，因此其在图书馆的具体应用有新书通告、电子期刊 RSS 服务、读者个性化信息的定制服务等。

推送服务。根据用户的信息需求，智能分析用户请求，通过数据挖掘等分析技术实现主动推送。基于图书馆泛在云平台，通过语义关联技术，依据用户的历史访问记录，记录用户的关注领域，进而推断其喜好特征，建立需求预测模型。通过电子部件和 RSS 服务等手段，向用户推送动态科研信息。

预约服务。包括纸质资源和数字化资源的预约，自习座位、研讨室等其他移动设施的空间和设备预约，以及培训预约等。

第六章　文旅融合环境下公共图书馆“以人为本”理念

第一节　“以人为本”的图书馆空间

现代图书馆要适应社会与读者的需求，从根本上建立以人为本的管理理念和面向服务的运行机制，根据社会及读者的需求不断调节，从建筑设计、排架方式、文献采购与编目、服务内容和方式等各个方面充分考虑读者的需求，形成一个生长的有机体。

一、建筑格局的变化

我国古代藏书楼以保存文献为最重要的职能，在建筑设计与设施配备上尤其重视文献的安全保障，如防火、防盗、防虫等，而较少考虑借阅需求，建筑格局多为封闭。如文澜阁和天一阁都是一列六开间，从外观上看，整幢楼为上下两层。受“天一生水，地六成之”的启发，一楼为六开间，为管理、接待等各种用房，二楼为通间，用于存放图书。

现代图书馆充分考虑了读者的感观舒适性、使用便捷性及图书馆的多种功能。在建筑布局上，大都采用大空间、灵活隔断的开放式建筑模式；注重简洁性与逻辑性的结合，往往采用简洁明快的色调，充分考虑图书馆现有与未来的拓展功能；注重智能化与生态化的结合。如上海浦东图书馆的照明设备，灯具直接在书架顶部，人靠近时有红外感应，光线自动变亮，靠近窗户之处在自然光线充足时不亮灯，智慧节能。外立面设置了垂直遮阳板，同时玻璃幕墙设置了可调节遮阳。东西面采用双层呼吸式玻璃幕墙，智慧通风，内置可调节百叶，在增加室内舒适度的同时，又减少了建筑耗能。浦东图书馆还采用很多白色镂空作为隔断及防护，既美观又增加了透光性及反射效果。

二、从“重藏轻用”到“重用轻藏”，从闭架为主转向开架为主

藏书楼时期，藏书管理的理念是“重藏轻用”。藏书楼主人多视藏书为个人或家族财产，重视的是对藏书的保存。在古代欧洲，还有把图书用铁链锁上的做法。我国浙江宁波的天一阁为明朝兵部右侍郎范钦的私家藏书楼，该藏书楼在建成后，范钦为了防止藏书丢失和流散，制定了“代不分书，书不出阁”的管理制度，外姓人一概不得进入藏书楼，且藏书归范家子孙共有，非各房齐集书橱钥匙，不得开锁。乾隆年间修《四库全书》时，当时浙江巡抚奉旨派人查访浙江各藏书楼藏书情况，如嘉兴天籁阁、书亭、杭州赵氏小山堂、天一阁等，结果除了天一阁，其他藏书楼藏书皆散落或仅有少数残存。乾隆三十八年（1773），范钦八世孙范懋柱进呈天一阁珍本641种，包含大量珍本、善本。所呈藏书中，七分之五收入《四库全书总目》，六分之一全本抄入。从客观上看，藏书楼的管理者对藏书的严格保护，有效地保存了文化遗产，对文化的传承发展起到了积极的作用。

然而，文献真正的价值是利用而不是封存珍藏。比起对文献实体的保护，文献被研究利用并转化成新的知识成果，才是文献最好的传承方式。19世纪中叶，西方开启了建设公共图书馆的热潮。我国于民国初期也开始兴建通俗图书馆，并对公众开放。1916年，京师通俗图书馆全年阅览人数约有27万人次。当代各类图书馆都已不同程度地实行开架借阅，如日本大部分公共图书馆开架率占馆藏总数的95%以上。

图书馆对图书进行采购分编和典藏维护，花费了大量的人力与财力，

其目的是提高文献资源的利用率。有的图书馆因担心外借图书丢失而减少图书开架范围，这是“以书为本”理念的典型表现。实际上，在开架环境中，有正常损耗是被允许的。针对书刊因开架而丢失损毁的情况，上海图书馆的做法可供借鉴，该馆并未因此减少开架范围，而是采取了积极的管理措施，并联合上海市精神文明办公室开展了“做文明读者，书都市形象”的万人签名活动，倡议借阅文明和读者的道德自觉，效果良好。

从排架和阅览的空间布局来看，当代图书馆从以书为中心转向以人为中心，即向方便读者阅览利用的方向转变。原上海图书馆馆长吴建中先生把图书馆发展的不同时期概括为第一代图书馆、第二代图书馆和第三代图书馆。第一代图书馆时期的特征是重藏轻用，以藏书为中心，实行闭架管理，充分考虑图书的安全与保护，藏书与阅览区域一般是分开的；第二代图书馆时期的特征是实行开架借阅，以开放为特征，读者可以自由徜徉于书架之间，藏书与阅览区域在同一空间，阅览空间一般与书架区域相邻或围绕书架区域；第三代图书馆时期的特征是超越图书，以知识交流为主体，更加注重人的需求，尽可能地扩大室内空间，阅览区域更趋集中。如国家图书馆的中庭为阅览区域，四周为图书排架区域。这种方式比较方便读者取阅图书，且方便对读者的集中管理。安徽省图书馆将畅销图书和名著图书单独排架，紧靠读者阅览区域，方便读者选择借阅，也是排架方式上以人为本的具体体现。

当下很多图书馆突破了阅览空间的限制，在空间设置上不是局限于读者对图书的借阅需求，而是开设了信息共享空间、创客空间等，注重人与人、人与信息的交流。如信息共享空间一般由参考咨询区、个人学习区、协作学习区、多媒体服务区、休闲区和自助文印区等组成，打破了以纸质书为主导的服务体系，形成了一个方便读者互动交流的多载体学习空间。如上海图书馆开设的“创新空间”不但包括小型的研讨空间、可供授课的会议设施、可激发创意的冥想空间，还提供一流的3D打印设备和电子沙盘体验。上海图书馆“创新空间”在设立后引起了政府有关部门和企事业单位的关注，对图书馆的转型发展起到了积极的作用。

三、文献采访从单一的“价值论”转向“价值论”与“需求论”相结合

我国古代藏书楼的选书原则最注重的是图书的价值，因此产生了版本学、校学、目录学等。藏书楼的这些贡献在中国文明史上具有不可忽视的作用。然而，图书采选完全依据采选者的个人判断，这会受采选者知识水平、个人喜好的局限，会严重影响到藏书的质量及其结构的系统性与完整性。藏书质量与读者需求是图书馆文献资源建设的两个重要因素，缺一不可。现代图书馆在精选优质图书的基础上，要充分考虑读者需求，做好读者文献需求的调查工作，建立以读者需求为主导的优质藏书体系。

1. 图书价值的评价

对图书价值的评价，包括对图书的内容范围、内容质量、读者对象、责任者、出版信息等的评价与选择。图书的内容是图书馆选择图书首先考虑的因素，在当下出版物数量繁多的情况下，任何图书馆都不可能收藏全部出版物，而是依据本馆性质、读者对象、馆藏特色等，有针对性地选择图书。图书的内容质量指图书自身所具有的科学价值、文化价值、使用价值和参考价值，其评价标准通常包括思想和学术观点是否清楚明确、材料是否准确可靠、内容是否具有现实或长远价值等。在图书的读者对象方面，要考虑图书馆各类型读者的特点，以及他们对图书的需求倾向，选择适合本馆读者水平和需求的图书。在图书的责任者方面，要考虑图书的著作责任者在其所从事领域中的知名度及社会评价等。在图书的出版信息方面，要注意选择那些享有较高声誉的出版社出版的图书，同时还要考虑出版时间、版次等信息，这些都是评价图书质量与使用价值、图书普及程度的重要指标。

2. 读者需求分析

“书有其读者”“读者有其书”的科学文献资源建设体系必须建立在对读者需求充分了解的基础上。对于读者需求的统计分析有多种方法，包括图书利用率、藏书相符规律分析、读者文献需求调查等。图书利用率分类统计是指单位时间内某学科被借阅图书种 / 册数占该学科总藏量的百分比。如果利用率偏低，则该类馆藏不符合读者的阅读兴趣，需控制图书种类和复本，反之则要加大采购力度。保加利亚图书馆学家斯坦切夫提出了藏书相符规律的数学公式，这一公式着眼于馆藏数据和读者利用数据的对比分析，计算出馆藏每学科图书占总馆藏的百分比、单位时间内每学科图书借阅量占总借阅量的百分比，并将二者进行对比分析，从而计算出各学科馆藏满足读者需求的符合程度，以便进一步对馆藏结构进行调整。读者文献需求调查法也是图书馆进行读者需求分析时常采用的一种方法，旨在调查读者感兴趣的学科图书、调查图书馆需要增加馆藏的学科图书，以及收集读者对图书馆馆藏建设的意见建议等，从而方便图书馆有针对性地采购书籍。在网络技术发达的今天，大部分图书馆网站、微信客户端等均设有读者荐书栏目，读者可以通过多种渠道向图书馆推荐自己喜欢和需要的图书。

3. 馆藏发展政策

馆藏发展政策是以书面形式系统地阐述图书馆馆藏发展目标、方针、原则和规划的纲领性文件。馆藏发展政策一般包括图书馆馆藏发展目标、用户对象、学科范围、选书职责、剔旧标准、读者意见处理、馆际合作与资源共建共享等内容。每个图书馆都应制定自己的馆藏发展政策，这对图书馆发展具有重要意义，可以保障馆藏资源的一致性和连续性，既有利于公平分配有限的经费和相关资源，又有利于图书馆间实现资源共享。

4. 采访方针、采访计划和选择标准

在图书馆文献资源建设中，采访方针、采访计划和选择标准是十分重要的。采访方针是形成、发展和维持图书馆藏书体系所需要的最根本纲领，采访方针一般对馆藏重点及特色、采选的学科范围、读者对象等都会做出原则性的规定。采访方针一旦确定，应保持较长时期内的稳定性，这样才能保证采访的持续性和藏书的系统性。采访计划是采访方针的运行规程，具体包括对各种新出现问题的解决方法，如读者需求的变化、临时特殊任务等。选择标准是在采选文献时，判断是否纳入采选的评价标准，如著作者知名度图书获奖情况、本馆读者对象、本馆馆藏特色等。

四、编目从图书馆本位转向用户本位

传统的图书馆编目产生的是卡片目录，一般包括题名目录、著者目录、分类目录和主题目录，既便于图书馆员核对馆藏，也可供读者到馆检索。图书馆员对编目的研究集中在其规范化、标准化、格式化上，而很少考虑各馆藏书的差异和读者对象的不同，并针对用户需求对编目理论与方法展开研究讨论。在计算机技术普遍应用后，机读目录虽应运而生，但并未打破卡片目录的原有框架，著录项目及规则等仍然受限于卡片目录的框架格式，仍然是图书馆本位的编目形式。不论编目规则如何详尽，编目不是目的，而是方便检索的手段，编目的主要目的是帮助读者发现文献、信息或知识。

用户本位的编目方式根据读者的需求而不断变化，是与读者交互的，即根据每个读者的特性检索需求而存在差异性。互联网搜索引擎的智慧检索不但能快速提供用户所需的精准信息，还可以推送用户可能感兴趣并需要的相关信息，远比图书馆书目信息检索系统更加智能化和人性化，更加符合用户的检索需求。初始阶段的联机公共检索目录（OPAC）仅包括书目信息、订购信息、馆藏与流通记录等，随着图书馆检索应用技术的发展，越来越多的图书馆联机公共检索目录实现了数据库、互联网资源、读者评价、图书利用情况的多维检索功能，更加贴近读者的信息需求。

用户本位的编目方式不仅适用于纸质型资源、缩微资料、视听资料的编目，还需融入数字资源的编目。在传统的编目工作中，数字化仅仅是原有文献资源的补充，不能满足数字资源组织与检索的需求。在图书馆知识导航和知识管理中，基于 XML 的元数据技术是数字图书馆建设以及网络信息组织与检索的重要手段，使编目工作不仅仅局限于图书，还包括数据库、电子资源及丰富的网上资源等。编目人员除书目知识外，需要适应互联网环境，了解信息检索理论、数据库结构、网络语言、用户的信息查询行为等更广泛深入的知识。

用户本位的编目方式要求编目人员掌握国际编目理论与规则，并不断跟踪其发展趋势，如 FRBR（书目记录功能需求）、FRAD（规范数据功能需求）、RDA（资源描述与检索）等。其中，RDA 是顺应数字环境的发展而制定的最新国际编目规则，是 AACR2（《英美编目条例》，第 2 版）的升级产品，于 2010 年 6 月正式在网上发布。RDA 以统一的《国际编目原则声明》（ICP）为纲领，以传统的 AACR2 为基础，基于书目记录功能需求（FRBR）和规范数据功能需求（FRAD）概念模型而重新修订，旨在满足数字环境下资源著录与检索的新要求，提供一套能覆盖所有内容和媒介类型资源的描述与检索的原则和说明。RDA 具备包容性与可扩展性、一致性与连贯性、灵活性与便利性、经济性与高效性等特点，已经被美国国会图书馆、德国国家图书馆、澳大利亚国家图书馆、大不列颠图书馆、加拿大国家图书馆等采用。

第二节　“以人为本”的文献借阅服务

随着“书是为了用的”观念成为现代图书馆界的共识，文献外借量、文献利用率等成为各图书馆评价体系的重要指标。为了保障读者的借阅权利，《中华人民共和国公共图书馆法》规定“公共图书馆在公休日应当开放，在国家法定节假日应当有开放时间”。为了提高文献外借量和利用率，我国各公共图书馆在读者准入制度改革、延长开放时间、综合布点、增加借阅途径、采用先进技术等方面均充分考虑了读者需求，以节省读者的精力和时间，方便读者借阅，并且达到了良好的文旅融合环境下公共图书馆以人为本理念的效果。

一、读者准入制度

作为公共文化服务体系的组成部分，公共图书馆服务应树立服务全体社会公众的意识，向全体社会公众免费提供基础文献借阅服务，为提高全民文化素质和水平做贡献。传统图书馆在“书本位”思想的指导下，为保护文献或方便管理，往往建立非平等的读者准入制度，人为设置准入门槛。随着图书馆管理思想的进步，近年来读者准入制度已十分宽松且合理。《中华人民共和国公共图书馆法》第 33 条规定：“公共图书馆应当按照平等、开放、共享的要求向社会公众提供服务。”在传统图书馆时期，对于读者进馆和办证制度，很多图书馆的规定比较严苛，如无读者证不得入馆、非本地户籍不得办本馆读者证等。随着“平等、开放、共享”的公共图书馆服务精神的普及，目前绝大部分图书馆已经取消了相对严苛的读者入馆和办证规定，除了少儿馆对读者的年龄有所限制外，在读者的身份、户籍等方面不再做严格要求。比较著名的是杭州图书馆，自 2003 年起就实行对所有读者免费开放，包括拾荒者、无业游民，唯一的要求是读者在看书前洗净双手，被称为“史上最温暖的图书馆”。绝大部分图书馆都已经允许无证入馆，如参加展览、讲座、观看演出等读者活动，阅览室则凭身份证等证件即可进入。

二、服务时间

公共图书馆作为公共文化服务机构，在服务时间上也做到了尽量满足读者需求，为读者在非工作日和非工作时间进入图书馆提供方便。《公共图书馆服务规范》对公共图书馆的服务时间做出了规定：“公共图书馆应有固定的开放时间，双休日应对外开放。其中省级馆每周开放时间不少于 64 小时；地级馆每周开放时间不少于 60 小时；县级馆每周开放时间不少于 56 小时。各级独立建制的少年儿童图书馆每周开放时间不少于 40 小时。”

三、借阅方式的网络化和自动化

1. 自助服务

自助服务现已成为很多图书馆普遍实施的一种服务方式，如自助办证、自助查询与借还。图书馆自助服务的普及有效地节省了读者的时间，也节省了馆员的劳动力，使其能将更多的精力投入其他服务中，如参考咨询等工作。近年来，部分图书馆在文献借阅过程中采用了更先进的现代化技术，如 2017 年广州少年儿童图书馆第 39 个分馆——华南师范大学附属天河实验学校分馆实现了“人脸识别借书”技术，读者无须携带借书证，只需“刷脸”即可查询到相关信息和借还图书。贵阳市图书馆是全国首家于 2017 年 1 月采用“指静脉借阅”技术的公共图书馆，可利用读者手指内的静脉分布图像来进行身份识别，具有识别快速、准确度高、有效保护个人隐私等优点。手机 App 借书还书则是当下公共图书馆采用的比较普遍的借还方式。图书馆广泛运用这些先进技术，极大地方便了读者。不过，自助服务也有其缺点，如不像人工服务，可以检查图书损毁等情况，及时避免损失。不过，在“以人为本”理念的支持下，图书正常范围的损伤应该是被允许的。

2.“城市街区24小时自助图书馆系统”

“城市街区24小时自助图书馆系统”是深圳图书馆于2006年10月首次提出并自主研制开发的一种创新型图书馆服务模式，在2008年“4·23世界读书日”正式揭幕并投入使用，其问世是深圳市“图书馆之城”建设的重要里程碑。“城市街区24小时自助图书馆系统”被称为“第三代图书馆”，是集智能化、人性化、数字化为一体的新型图书馆发展模式。其具备自助借还、文献预借、文献查询、办理借书证、中心监控等图书馆的基本服务功能。自助图书馆实行无人值守管理，服务由读者自助完成，图书由中心图书馆定期配送和更换。自助图书馆缓解了图书馆馆藏空间和人力资源压力，提高了图书馆藏书的借阅率，拓展了图书馆的服务对象和服务区域范围，很好地满足了社区区民就近享受图书馆服务的需求。通过自助图书馆的服务分流，中心图书馆可以集中精力开展更多的专业性服务及个性化服务，进一步提高图书馆的服务水平。

3.图书快递借还服务

在物联网极度发达的今天，读者足不出户即能完成图书借阅和归还的快递借还方式，已经逐渐在公共图书馆界普及。该服务大体分为两种形式：第一种形式是与网络图书售卖平台合作，读者进入图书馆网络平台后再进入网络书商平台，直接从网上选书，由线上平台快递上门，再由读者快递或自行到馆还书；第二种形式是由读者在线选择馆藏图书，图书馆将图书快递给读者，还书则由读者快递或到馆归还。如太原市图书馆微信客户端开通的“太图飞书”服务，读者可以进入“京东购书书单”界面选择图书，由京东安排快递送到读者手中。浙江图书馆微信客户端开通的“信阅”服务，对浙江图书馆馆藏图书实现了全国都可快递借还。杭州图书馆的“悦借”服务，则可在线选择该馆馆藏图书下单并支付运费，然后等待快递送书上门，还书时在平台上选择需要还回的图书并支付相应的费用，即可预约快递员上门取书归还，或者自行归还到杭州市的任一公共图书馆。图书快递借还服务使图书借还不再受空间和距离的限制，极大地方便了读者，节省了读者的时间，缩短了图书馆与读者的距离。

4. **网络服务**

图书馆的网络服务在当下已经相当普及且较为完善。通过图书馆网站、微信客户端，读者可以实现文献查询、快递借还、续借、预约借书、网上办证、图书荐购、交纳逾期费、在线咨询等多种功能。很多图书馆还提供了大量电子资源与数字资源以便读者在线阅览或查询。网络服务突破了时间、地域和人数的限制，节省了读者的时间，极好地在互联网环境下充分发挥了现代图书馆阅读推广、信息传播、参考咨询和文化休闲功能。如杭州图书馆微信公众号的“微服务大厅”包括证（解）绑定、书目检索、云图有声书、专题咨询、懒人听书、QQ 阅读、地方文献征集等栏目。

文献传递则是图书馆网络服务的另一种重要形式，它是一种通过文献资源网络平台获取用户所需的文献复制品，以复制品实体或电子文献形式传递给用户的服务方式，具有快速、高效、简便、经济等特点。如果读者在图书馆现有的资源（纸质资源和电子资源）中找不到所需要的原文文献，可以向图书馆在线申请文献传递服务。文献传递方式主要根据申请方要求，使用 Ftp（File Transfer Protocol，文件传输协议）上传、电子邮件、邮寄、传真、自取等方式。

第三节　“以人为本”的读者服务

在满足读者文献借阅需求的基础上，公共图书馆还开展了其他多种类型的读者服务，如展览服务、讲座服务、读者培训服务等，并针对不同类型的读者群体开展特色服务，充分发挥了图书馆的社会教育、文化交流、信息咨询等职能。

一、公共图书馆展览服务

公共图书馆的展览服务可以追溯至国内外早期图书馆的发展。早期很多图书馆与博物馆互为一体，在业务上密不可分。展览业务是博物馆的主要业务，如1973年建成的大英图书馆，其前身为1753年在伦敦建立的大英博物馆，这也在一定程度上体现了图书馆与博物馆之间的关系。

我国当代公共图书馆的展览服务已经成为读者服务的重要组成部分，活动组织形式与类型已比较成熟，并趋于常态化和规范化。展览服务十分符合图书馆信息收集与传递的职能，也给了读者美好的视觉感受，同时满足了读者的文化休闲需求。其一，图书馆的展览服务可以丰富图书馆的馆藏，通过文献等资料的采集来丰富馆藏、搜集信息；其二，图书馆的展览服务可以教育读者，拓宽读者的文化视野，激发读者的智慧；其三，图书馆的展览服务可以通过实物、图片、文字等资料来传播知识。一些图书馆的展览还通过联盟巡展、媒体报道、网上在线展览等方式进行跨时空的知识传播。很多公共图书馆已经实现了网上在线展览，突破了空间与时间的限制，使展览不再受场所大小和地域的限制，极大地提高了展览效率，拓展了参展人群范围。当代图书馆作为市民终身学习和文化休闲的公共平台，其展览服务吸引了大量读者，充分发挥了图书馆的社会教育、文化传播与文化休闲职能。

二、公共图书馆讲座服务

讲座服务是现代公共图书馆承担知识传播、发挥社会教育职能的重要服务形式，也是现代公共图书馆从馆藏资源服务向空间服务转型的重要途径，有利于实现与读者的知识交流与分享。

图书馆开展讲座的形式主要包括现场讲授、访谈、讨论、微讲座等。“现场讲授”是国内图书馆讲座的主要形式，主讲人立足某个选题，以准备的讲稿为依据，进行讲授，一般是一人讲、多人听。现场讲授主要依赖主讲嘉宾的学识储备与讲授技能，信息传递较为直接、有效。这种讲座形式的缺点是不够活泼，读者参与度不高。“访谈”则采取主持人与被访谈者之间问答的交流方式，形式相对活泼。如安徽省图书馆“新安百姓讲堂”，根据读者需求不断调整讲座内容，邀请受读者欢迎的主讲人，围绕百姓民生、养生保健、亲子教育、时事政治、文学艺术、地方文化等多个主题开展讲座，深受读者欢迎。

我国公共图书馆讲座服务已广泛开展，基本上各公共图书馆都有自己的讲座品牌，有些公共图书馆的讲座品牌在全国享有较高的知名度。如上海图书馆的“上图讲座”、国家图书馆的“文津讲坛”、首都图书馆的“首图讲坛”、山东图书馆的“大众讲坛”、湖南图书馆的“湘图讲坛”、深圳图书馆的“市民文化大讲堂”等。其中，湖南图书馆在其官网上对讲座进行了详细分类，具体分为湖湘文化、名人名家、都市生活、文史艺术、时政热点、经济金融、教育培训、法律社会、保健养生、科技博览等类别。

互联网技术也广泛应用于现代公共图书馆的讲座服务。如上海图书馆除了“现场讲授”的讲座形式外，还有微讲座等形式，在其讲座微信公众号“讲座图书馆”上开设了“上图微讲座”栏目，便于读者随时随地听取讲座内容。“上图讲座”还提供讲座在线直播服务，突破了空间与参与人数的限制。网站讲座、移动图书馆讲座、QQ 群讲座等在线讲座形式，受到越来越多公共图书馆的欢迎和重视。图书馆讲座积累了丰富的知识资源，许多图书馆对讲座资源进行了后期开发与利用。一是将讲座内容整理成文字，发布或结集出版，这是图书馆讲座资源开发的主要形式，如上海图书馆的《上图讲座》、中山图书馆《聆听智者的声音》、山西省图书馆《文源讲坛：山西省图书馆星期日讲座》等；二是录制讲座音频或视频，经剪辑加工后，发布到官网或者其他多媒体平台，如图书馆官网在线视频、文化共享工程网站讲座视听资源专栏等。

图书馆讲座的社会效益很大程度上取决于选题的选择，讲座选题应当建立在读者兴趣需求的基础上，充分体现“以人为本”的理念。如安徽省图书馆新安百姓讲堂创办以来，不断调查并听取读者反馈意见与建议，调整选题范围，选取与百姓生活密切相关、群众愿意听并且感兴趣的主题。讲座对象可以分为老年群体、女性群体、亲子群体和一般群体。另外，还针对不同的节日推出不同的主题，如在“三·八”节前后推出关于女性群体的讲座；暑假期间推出以亲子教育、学习方法等为主题的讲座；重阳节前后推出以养生保健等为主题的讲座。另外，地方名人、地方文化也是讲堂注重的主题选择对象。

三、公共图书馆读者培训服务

文献阅读的数字化网络化趋势，使到图书馆进行文献借阅的读者数量日趋减少，公共图书馆的职能转型日趋紧迫。1976 据年美国工程教育协会（American Society for Engineering Education）统计，大学毕业的科技人员，其科技知识只有 12.5% 来自大学课程，其余 87.5% 都依赖于工作后所接受与寻求的继续教育。这也说明了公众从学校毕业后继续学习的重要性。1965 年 12 月，蓝格朗在联合国教科文组织举办的发展成人教育国际研讨会上提出了“终身教育”的概念，指出教育不应局限于儿童期与青年期，而应贯穿于人的一生。据 2013 年普华永道（PWC）对全球 39 个国家 4 万个企业的调查，34% 的企业认为人才难求，美国企业甚至达到 52%。发展中国家的人才问题更为严峻。这些都充分说明了当下学校教育的不充分性和待补充性。公共图书馆作为公益性文化机构，应对社会大众的终身教育负起自己的责任，对在校学生、求职者及其他有需求的群体进行免费培训，充分发挥公共图书馆社会教育的职能。

我国公共图书馆读者培训工作较为重视少儿群体的学习教育活动，并力求丰富群众的业余生活。例如，国家图书馆利用周末举办篆刻艺术鉴赏与实践培训班、古籍版本知识与鉴赏培训班、“北京面人郎”非遗技艺培训班等。上海图书馆举办朗诵艺术培训班。杭州图书馆开展丰富的少儿培训活动，如围棋、摄影、国画、越剧等艺术类培训，游泳、高尔夫、击剑等体育类培训，写作、编程、数独、智能机器人、无人机、国学等学习类培训，黏土、花艺等手工类培训。安徽省图书馆也在寒暑假期间开展了形式多样的少儿培训活动。如安徽省图书馆与合肥师范学院刘铭传学院合作开展暑期“行知学堂”实践活动，学习内容包括思想教育、课业辅导、兴趣培养、科学普及、心理辅导、公益实践、安全防护等，受到家长和小朋友的热烈欢迎。“徽文化国学诵读班”“爱我中华专题小主持人培训班”“编程一小时”等少儿培训活动也极受欢迎。

公共图书馆服务模式正在从以借阅为中心的单一服务转向以学习为中心的多元服务体系。“以书为本”的服务理念在文献获取渠道日益多样化及便利化的今天，需要向“以人为本”的服务理念转变。在信息化发展日益加快的今天，图书馆已经渐渐失去了文献信息传播的优势，怎样为弱势群体提供力所能及的继续教育，帮助他们获得就业生存的技术与能力；怎样丰富孤寡贫老群众的文化生活，帮助他们走出孤独贫乏的精神生活，是公共图书馆需要进一步思考的问题。

第七章　我国公共图书馆文旅融合发展原则

第一节　我国公共图书馆文旅融合发展创新研究

一、保证公益性前提，构建以公共图书馆为中心的商业生态链

图书馆属于公共资源，其公益性主要体现在图书馆倡导每个人都有受教育的平等机会，社会有义务确保每个人都能有机会得到平等的阅读资源。公共图书馆的存在为实现这个目标提供了重要的理论意义和现实意义。被称为“有史以来最温暖的图书馆”的杭州图书馆一直践行图书馆的公益性特征，全天免费向流浪者和大街上的拾荒者开放资源通道。不分男女老幼、工作性质，免费向社会人群开放，一直是杭州图书馆秉持的原则，也正是因为这一举措，使得杭州图书馆被世人所认可，成为一家名副其实的网红图书馆。从此以后各个地方的图书馆都开始向杭州图书馆学习，纷纷出台政策，向流浪者和拾荒者开放资源。这从根本上体现了公共图书馆公益性理念的标准和要求，为实现社会主义现代化的目标打下了坚实基础。此外，图书馆还承担着形成社会全民阅读风尚，引导全民阅读氛围的重要责任，所有的一切都体现着图书馆的公益性理念。在图书馆的角落里，可以设置咖啡区和就餐区，这样可以保证到图书馆阅读学习的人员一边喝咖啡一边读书，或者一边吃简餐一边读书。图书馆还可以扩大经营范围，比如可以卖一些纪念品、书签或者明信片等，

围绕图书馆的建设进行商业生态链的打造。

二、保证基本服务完善，呈现公共图书馆所具有的文化魅力

社会群体对传统图书馆的印象大多是书籍陈旧、资源稀少，但是随着图书馆的不断发展，实际情况却是图书馆每年都有大量的书籍更新，学习资源丰富，种类繁多，覆盖面全，比传统商业书店所提供的阅读服务更多。现在的年轻人都喜欢去商业书店买书或者寻找学习资源，不愿意去图书馆，这其中最主要的原因就是书店比较现代化，往往更符合现在年轻人的观念，尤其是现在出现了一些网红书店，这本身就比传统图书馆更加吸引年轻人。目前各个地方的图书馆已经意识到年轻群体的庞大，开始积极地对图书馆的内部设置和形象进行改造，在保证图书馆基本功能框架的前提下，打造能够吸引年轻人的阅读空间，不断提高阅读者的舒适度。同时，为了给年轻人留下更好的印象，很多图书馆都推出特色服务。比如，甘肃金川区图书馆运用3D和VR技术布置科技体验区，可供研学的中小学生体验最新技术。

三、保证地方旅游发展，使公共图书馆切入地方特色文化

一些地区的公共图书馆加快了地方文献的整合，特别是通过特色的设置和准备来促进地方旅游业的不断发展。云南腾冲和顺图书馆始建于19世纪20年代，藏书7万余册，有很多现存极少的名人字画藏于馆内。这间图书馆虽然位于乡下，但是有很多游客慕名而来，图书馆已经成为小有名气的网红打卡地点和著名文化景点。该图书馆外形采用中西合璧的建筑手法，由于历史久远，拥有一种沧桑的历史感，游客到来以后，纷纷表示能在这个图书馆里感受到当地的特殊文化。游客在这里不仅能够观光游览，还能在图书馆里阅读。当地的群众也积极向游客展览当地的文化，宣传当地的特色和风俗，这给许多慕名而来的游客留下了深刻

的印象。因为这间图书馆提供了非常优良的阅读服务，所以吸引了更多的人前来旅游，更进一步地促进了当地旅游业的发展。

第二节　我国公共图书馆文旅融合服务发展策略

一、图书馆深度联合数字技术，创新技术融合

（一）图书馆打造成智慧学习环境

随着科技的不断发展，我国的科技水平飞速进步，数字技术得到了跨越式的发展，其中包含大数据技术、人工智能技术、虚拟现实技术、增强现实技术等，很多人都听说过这些含有科技感的名词，但是也仅仅停留在听说和了解层面，很少有人使用过这些技术。当我们试图将这些技术与图书馆的建设进行联合时，就会促进图书馆有更多新的发展。在以前，图书馆主要的职能就是储存书籍，是学习者的聚集地，人人都可以来到图书馆学习知识，但是随着科技与图书馆的合并，赋予科技意义之后，图书馆就成了含有高科技的地方。文化与先进科技相结合能够达到更加吸引人的效果。在我国 2019 年的图书馆年会上，来自全国不同地市的图书馆馆长以及图书馆管理人员共同分享了数字技术在图书馆使用方面的看法，其中有学者提到可以将 5G 技术应用到图书馆当中，比如超清直播、智慧书房、精准推送等。我们有理由相信，基于数字科技的图书馆应用，通过现代科技能够更好地实现线上线下深度融合，将传统的纸质阅读转化为线上阅读，不断地促进阅读环境的改变和发展。

（二）创新技术融合，让图书馆文化结合尖端技术

随着科技的不断发展，数字技术对传统文化传播的路径产生了深远

的影响。基于数字技术的深刻变革，数字技术从各个方面都在潜移默化地改变着传统文化的发展。全民调查结果显示社会群体普遍愿意通过电子方式进行阅读。很多人反映通过数字技术进行阅读，能够节省大量时间，提升阅读便利性。网络技术也能够在第一时间将正在发生的新闻传送到家家户户，图书馆已经不再像以前那样，是传统学习的最大传播点。虽然图书馆在不断地提升自己的服务水平，而且提供的服务是免费的，但是人们普遍愿意使用更加便利性的阅读方式来提升自己，比如在家里通过看手机或者看电脑来了解新闻。面对这样的情况，图书馆必须正视现实，不断寻求将数字技术与图书馆进行结合创新，不断促进图书馆的信息化和智能化。先进的数字技术能够让图书馆从单一的阅读场景变成多项技术使用场景，不断增加社会对图书馆的认识度，也能不断地增强图书馆的吸引力。只有这样，社会群体和社会民众才能更愿意放下手机，加入图书馆阅读的行列当中。

二、图书馆应积极推广宣传文旅融合服务

（一）重视社会形象，强调图书馆提供公共文化服务

图书馆要想进一步地扩大自己的影响，加强对外宣传是非常重要的一点。当今社会，人们的阅读方式受到了互联网的深刻影响，互联网提供的快速获取知识的途径给大众留下了深刻的印象。人们普遍认为，网上什么东西都可以看到，但是人们在使用的过程当中，有时候也会发现网络上的很多内容不是免费的，而是需要付费的。众所周知，公共文化服务的根本就是免费服务于大众，政府有能力也有责任不断促进社会成员文化的发展，图书馆更应该向社会群体提供免费的文化阅读环境和文化服务产品。现实情况是图书馆确实是在免费地向大众传播文化，但是传播文化的力度不够，图书馆应加强对外宣传，更进一步地提升自己的社会形象，承担更多的社会责任，只有这样才能更好地向大众提供文化

服务。

图书馆应不断进行正面的、积极的、向上的宣传，这能够极大地提高图书馆在民众心中的形象。图书馆要基于提供免费文化服务的基础，向大家传播走进图书馆学习的好处，只有图书馆有了更多的学习者，才能很好地将图书馆的优点宣传出去。

（二）图书馆加强宣传推广文旅融合服务

各个地方的图书馆，在基于自身实际的前提下，要想实施不同的文旅融合服务，就要不断创新探索更多新的服务形式。这些形式会造就不同的服务模式，该模式可能适合当地发展，但是放到全国范围内可能会缺少知名度，因此各个地市的图书馆应该立足自身发展，不断加强自身的宣传，积极主动地将文化加入当地的旅游产业当中，向前来旅游的游客提供新式旅游体验。目前，从各个地市的图书馆的文化融合情况来看，比较成功的就是天津滨海新区图书馆。该图书馆立足于自身结合当地的旅游特色，散发出了非常强烈的美学气息，不断吸引游客前去参观游览，图书馆独特的造型，也吸引了不少游客。这些都是在足够宣传的前提下实现的。

三、图书馆吸引民众参与活动，引导市场融合

（一）派发奖励的方式吸引民众参与活动

利用互联网软件吸引游客的一个重要方法是在活动期间派发奖励，例如网易图书根据阅读时间给予读者积分奖励，这些积分可以用来购买电子书。图书馆应积极与读者和活动参与者建立社区互动。读者和参与者都有相同的兴趣和爱好，图书馆建立社区可以使有共同兴趣的人产生相互认同感。图书馆馆员积极与社区中的人们交流，询问他们对图书馆的活动的意见，或者倾听人们希望参与的活动的要求，通过沟通和引导，

增强人们对图书馆活动的认可度，激发人们的积极性。

（二）图书馆积极以文旅市场融合为导向

产业整合理论是指技术、产品和业务的整合，进而形成市场整合。市场融合的标志是提供差异化的产品以获取市场需求，而产品和技术的融合，更多的是新的市场需求。目前，地方图书馆推出的文化旅游一体化服务还处于产品整合阶段。在文化产业与旅游产业的融合中，有突出表现的是地方博物馆，它与旅游产业有着密切的联系，博物馆是游客大多选择的旅游景点之一，博物馆也是公共文化服务体系的重要组成部分。公共文化服务向公众免费开放，包括各种历史文物和文化自然遗产的展览。博物馆实现了文化与旅游市场的融合。图书馆可以借鉴博物馆整合文化和旅游市场的经验，借鉴博物馆吸引游客的方式，如提供独特的公共文化服务，开展内涵深厚的公共文化活动等。

四、图书馆打造文化旅游 IP，突破产品融合

（一）文化旅游 IP 带来全新的旅游体验和文化消费体验

在近 30 年的文化和旅游业的突破式发展过程当中，文化业和旅游业都处在上升阶段。传统的文化和旅游业以观光和旅游为主，主要方式就是到某个地方去参观游览，在游览地点留下照片就是所谓的旅游，人们早已经熟悉且厌倦了这样的旅游方式，随着游客的个性不断发展，游客对旅游的体验也提出了更高的要求，游客已经不再推崇传统的走马观花式的旅游，更强调的是情感的共鸣。近年来，一个普遍的现象就是游客不再满足于对风景的喜爱，而是热衷于挖掘该景点背后的故事。例如旅游地点过去发生过什么，历史上有什么值得铭记的地方。基于这样的大背景，文化旅游 IP（知识产权，独特识别物）就显得更加重要。比如迪士尼公司每年都会出不同的电影动画，通过对动画片主角形象的刻画，

来不断扩大迪士尼乐园的影响力和认知度。在每个人的心中，再有吸引力的电影和游戏都比不上实体迪士尼乐园所带来的情感体验，人们愿意为了到迪士尼乐园去玩而放下手机。因此文化旅游 IP 能够结合自身特色产生更多的衍生品，为文化消费者和旅游者带来全新的体验。

（二）图书馆要积极打造文化旅游 IP，突破产品融合

当前，在我国旅游景区的发展过程当中很少会持续地对 IP 进行打造，缺少旅游 IP 就会降低旅游景区的吸引力，互联网的发展使得传统的商业模式很难再有新的突破，图书馆要不断地顺应时代发展的潮流，积极打造文化旅游 IP，不断推进旅游服务，将旅游业和旅游服务结合起来，不断突破新的服务理念。图书馆在打造文化旅游 IP 时，要有特色性、故事性和当地的文化属性，不断地突破产品的融合。文化旅游 IP 要有以下几个关键要素：创新、营销、粉丝互动、自媒体和产出品。图书馆要不断地通过创新方式促进营销的发展，创造出更高的市场认可度。图书馆要努力在宣传推广上拥有更多的话语权，占据更重要的位置，只有拥有更多的话语权，才能更好地向外宣传，才能让更多的民众认识和了解到图书馆的魅力所在，才能真正做到服务于全民阅读。

第三节　对公共图书馆文旅深度融合的思考

文化旅游业蓬勃发展，而文化与旅游、文学的结合更加紧密。在文化与旅游齐头并进的今天，发展文化旅游已成为旅游业可持续发展的一大趋势。推动公共图书馆将文学纳入主流是近年来主管部门提出的思路之一，即以旅游为专业，促进文学文化的传播。笔者对公共图书馆文旅深度融合提出以下几点思考。

一、公共图书馆文旅深度融合需拓展思路、转变观念

（一）树立文旅深度融合的新思维、新理念

公共图书馆的文旅融合对我国文化旅游业的发展具有指导意义。当前，文化与旅游相关部门需要融入深度融合的理念，探索文化与旅游的规律和逻辑，为文化和旅游的深度融合做出贡献，促进旅游业新的发展。文化与旅游业的融合是旅游业发展动力的关键因素，文化产业的扩张有利于满足新时期对文化艺术的需求。公共图书馆应树立新的、整合良好的理念为完善整个区域做出贡献。

（二）建立文旅深度融合新机制

文化与旅游的深度融合目前并不完善，管理和控制体系还不健全。为了更好地促进两者之间的系统发展，政府要积极出台政策，科学推动两者的深度融合，以国家的相关法规为基础，结合地方特色，探索出具有地方特色的服务方式，切实将文化和旅游结合落实到实际发展过程当中。比如天津的滨海新区图书馆，就是一个比较成功的文旅融合案例。该图书馆服务内容广泛，涉及旅游休闲和阅读，为未来文旅融合发展提供了借鉴思路。

（三）积极探索文旅深度融合的新模式、新道路

图书馆作为文旅深度融合发展的重要一环，图书馆所承担的任务已经不仅仅是阅读功能的场所，图书馆的职能和服务范围越来越广泛，覆盖的文化范畴更加宽广，随着社会主义现代化建设的不断进行，人们的衣食住行都离不开文化的影响。公共图书馆作为传播文化的主要载体，更应该积极发挥引领作用，积极以文旅融合为背景，探索一条符合发展的新思路，不断为群众提供更好的服务。

二、公共图书馆顺应文旅深度融合发展的举措

（一）公共图书馆进驻景区

鉴于人类物质生活条件的日益改善，目前精神文化水平的提升还存在差距。旅游业也同样面临新的挑战，它不仅要注重旅游项目所提供的娱乐价值，还需巧妙地将特有的文化符号融入其中。旅游景区公共图书馆的存在,满足了文旅融合的理念和要求,促进了文旅融合的建设和发展。旅游景区的公共图书馆不仅要有完善的基础设施，还要深入地融入当地文化特色，为景区赋予特有的文化内涵，公共图书馆所具备的保存和传播地域文化的职能，恰到好处地展现出这些地区最具吸引力和最独特的地方特征，能够引导游客在旅游的同时充分感受当地文化，营造具有精神认同的地方文化景观，加深游客们旅游的文化获得感

（二）构建公共图书馆研学旅游品牌

旅游教学是一种集学习、研究、实验、交流于一体的新型教育模式；它是在我们现代教育模式的框架内，与旅游业紧密相连的一种创新教育形式。在文化与旅游日益相互依存的背景下，研学旅游为可持续发展提供了新的动力。如今，图书馆不仅为读者提供丰富的阅读服务，还通过定期组织读者参加文化活动或在户外组织节日夏令营等方式，为读者提供获取文化知识的机会。公共图书馆可以根据自身特点，与旅游、景观等领域合作，开展多种形式的研学旅游活动。

（三）利用新方法和新技术发掘地域文化

公共图书馆可以利用新的方法和技术开发自己的地理资源，建设地方文化瑰宝。一方面，公共图书馆应利用当地独特的地域文化，对具有身份标志、复原遗址等的阅览室进行综合规划和建设，使当地的物质文

化遗产和非物质文化遗产以新的方式呈现出来；另一方面，相关责任人应推动文化课程融入公共图书馆，利用数字技术促进文化旅游和旅游业的创新，促进对地理文化的挖掘和整个文化部门的快速发展。

公共图书馆要推行知识群体融合的新范式，以创新的数字技术做为文旅深度融合的重要突破口，以“互联网+”模式推动文化、旅游、数字技术的融合。公共图书馆需要注重探索和分析地方文化要素，注重创新工作方法，通过将文学与数字技术联系起来，为人们提供多样化的文化体验。

公共图书馆必须开发优秀的传统文化和优质的旅游资源，紧跟时代潮流，发掘最佳的文化和旅游根源，将文化融入旅游，丰富当地景点的精神内涵，增强民族文化的特质。公共图书馆作为文化传播的主阵地，必须加快转型、发展，积极树立权威、服务、发展的理念。文化旅游的发展对资源发展的意义重大，文化与旅游深度融合，能够不断满足人们对美好生活的多样化需求，增加社会经济和文化价值。

参考文献

[1] 张伟，刘锦山 . 公共图书馆转型与内涵发展 [M]. 北京：国家图书馆出版社， 2017.

[2] 李静，乔菊英，江秋菊 . 现代图书馆管理体系与服务研究 [M]. 长春：吉林人民出版社， 2019.

[3] 方家忠 . 新时代中国城市图书馆发展 [M]. 广州：广东人民出版社， 2018.

[4] 刘玲，齐诚，马楠 . 互联网 + 时代图书馆跨界融合研究 [M]. 北京：经济日报出版社， 2018.

[5] 张荣，金泽龙 . 图书馆学基础 [M]. 成都：电子科技大学出版社， 2015.

[6] 霍瑞娟 . 新业态环境下我国国家图书馆社会职能定位研究 [M]. 北京：北京邮电大学出版社， 2014.

[7] 程显静 . 图书馆建设与发展研究 [M]. 北京：华龄出版社， 2018.

[8] 戴萍 . 新时代图书馆学与古籍整理研究 [M]. 哈尔滨：黑龙江教育出版社， 2020.

[9] 龚蛟腾 . 城镇化进程中基层公共图书馆建设研究 [M]. 北京：知识产权出版社， 2016.

[10] 杭州图书馆，济南图书馆 . 城市图书馆研究 [M]. 杭州：杭州出版社， 2017.

[11] 任丽红 . 公共服务视域下高校图书馆的创新服务 [M]. 长春：吉林大学出版社， 2018.

[12] 马家伟，杨晓莉，姜洋 . 图书馆与图书管学概论 [M]. 长春：吉林科学技术出版社，2016.

[13] 陈三保 . 新形势下图书馆服务与创新 [M]. 昆明：云南科技出版社，2018.

[14] 吴帆 . 文旅融合背景下公共图书馆服务创新路径探析 [J]. 漫旅，2022（14）：11-13.

[15] 褚智慧 . 文旅融合背景下公共图书馆的创新发展研究 [J]. 文化产业，2022（32）：116-118.

[16] 臧敏娟 . 浅谈文旅融合下公共图书馆的服务与发展 [J]. 科学与信息化，2021（4）：176，178.

[17] 李从容 . 文旅融合空间下公共图书馆发展路径研究 [J]. 进展（科学视界），2021（2）：48-49.

[18] 王植宁 . 文旅融合背景下公共图书馆服务创新实践与发展策略：以福建省图书馆为例 [J]. 福建图书馆学刊，2021（3）：20-24.

[19] 刘金凤 . 关于文旅融合背景下公共图书馆发展路径的分析与思考 [J]. 兰台内外，2022（23）：52-54.

[20] 安英浩 . 融媒体背景下公共图书馆促进文旅融合发展的策略 [J]. 中文科技期刊数据库（全文版）图书情报，2022（7）：192-195.

[21] 张芳 . 公共图书馆文旅融合的基本逻辑及发展路径 [J]. 办公室业务，2023（5）：153-155.

[22] 陶艳磊 . 提升公共图书馆档案管理水平的路径探析 ：基于文旅融合的研究视角 [J]. 浙江档案，2020（2）：56-57.

[23] 刘雅丽 . 浅谈图书馆与旅游融合发展实践及思考 [J]. 中文科技期刊数据库（全文版）社会科学，2021（5）：199.

[24] 高春玲，宋金劢 . 图书馆研学旅行服务的理论基础及实践价值 [J]. 大学图书情报学刊，2023（1）：3-7.

[25] 段玲玉 . 文旅融合背景下公共图书馆阅读空间建设研究 [J]. 文化

产业，2023（3）：103-105.

[26] 谭宜敏 . 文旅融合下公共图书馆文创产品发展及启示探析 [J]. 办公室业务，2023（1）：170-172.

[27] 杜娟 . 文旅融合背景下公共图书馆推动文旅融合发展的建设路径 [J]. 中文信息，2023（2）：34-36.

[28] 华娜 . 文旅融合下公共图书馆适老化研究 [J]. 丝路视野，2022（32）：19-21.

[29] 吴重阳 . 文旅融合背景下公共图书馆服务新路径探索 [J]. 江苏科技信息，2022（34）：32-34.

[30] 郭艳英 . 文旅融合背景下公共图书馆阅读推广 [J]. 新教育时代电子杂志（学生版），2022（35）：153-155.

[31] 胡品嘉 . 公共图书馆在文旅融合下的旅游创新研究 [J]. 文化产业，2022（29）：117-119.

[32] 陈灿 . 文旅融合时代下的公共图书馆发展研究与思考 [J]. 内蒙古科技与经济，2022（18）：140-141.